Teatro de Reprise

CIP – Brasil. Catalogação na fonte
Sindicato Nacional dos Editores de Livros, RJ

R616t

Rodrigues, Rosane
   Teatro de reprise : improvisando com e para grupos / Rosane Rodrigues. – São Paulo: Ágora, 2016.
   240 p. : il.

   Inclui bibliografia.
   ISBN 978-85-7183-192-6

   1. Psicologia. 2. Teatro. I. Título.

16-30210   CDD: 155
                                        CDU: 159.92

Compre em lugar de fotocopiar.
Cada real que você dá por um livro recompensa seus autores
e os convida a produzir mais sobre o tema;
incentiva seus editores a encomendar, traduzir e publicar
outras obras sobre o assunto;
e paga aos livreiros por estocar e levar até você livros
para a sua informação e o seu entretenimento.
Cada real que você dá pela fotocópia não autorizada de um livro
financia o crime
e ajuda a matar a produção intelectual de seu país.

Teatro de Reprise

IMPROVISANDO COM E PARA GRUPOS

ROSANE RODRIGUES

EDITORA
ÁGORA

TEATRO DE REPRISE
Improvisando com e para grupos
Copyright © 2016 by Rosane Rodrigues
Direitos desta edição reservados por Summus Editorial

Editora executiva: **Soraia Bini Cury**
Assistente editorial: **Michelle Neris**
Capa: **Alberto Mateus**
Projeto gráfico e diagramação: **Crayon Editorial**
Impressão: **Sumago Gráfica Editorial**

Editora Ágora

Departamento editorial
Rua Itapicuru, 613 – 7º andar
05006-000 – São Paulo – SP
Fone: (11) 3872-3322
Fax: (11) 3872-7476
http://www.editoraagora.com.br
e-mail: agora@editoraagora.com.br

Atendimento ao consumidor
Summus Editorial
Fone: (11) 3865-9890

Vendas por atacado
Fone: (11) 3873-8638
Fax: (11) 3872-7476
e-mail: vendas@summus.com.br

Impresso no Brasil

*A todos os narradores pretéritos e
futuros que ousam abrir caminho para
seus pares com parte de suas vidas.*

*A Clóvis Garcia, modelo e grande
inspirador para sempre.*

*Aos grupos de Teatro de Reprise que
passaram pela minha vida e,
especialmente, ao Grupo Improvise que
veio para ficar.*

*À minha ainda grande paixão, após
27 anos: Edu Coutinho, grande
companheiro e um dos homens mais
inteiros e coerentes que conheço.*

*Aos meus queridos filhos, Flávio e
Helena, pessoas lindas de quem me
orgulho de ser mãe e a quem amo mais
do que conseguiria expressar.*

Sumário

PREFÁCIO • **IMPROVISAÇÕES ESCRITAS** 9
AQUECIMENTO VINCULAR 13

1 AQUECIMENTO DRAMATÚRGICO: UM OLHAR HISTÓRICO
E CONCEITUAL PARA INICIANTES EM SOCIOPSICODRAMA 20
Histórico 20
O sociopsicodrama no Brasil... 37
Contribuições e atualizações brasileiras da teoria
que sustentaram o Teatro de Reprise 45

2 AÇÃO DRAMÁTICA: TEATRO DE REPRISE 67
Perspectiva em relação ao Playback Theatre 67
Histórico do Teatro de Reprise 75
Localizando o Teatro de Reprise no sociopsicodrama 86
Funcionamento da metodologia....................................... 99
Técnicas psicodramáticas e sua derivação para o Teatro de Reprise 103
A intervenção – ambiente 111
Etapas detalhadas 114
Etapas do Teatro de Reprise (*modus operandi*) 119
O coconsciente e o coinconsciente no Teatro de Reprise.................... 169

3 COMPARTILHAMENTO: UMA INTERVENÇÃO EXEMPLO
UTILIZANDO A METODOLOGIA DO TEATRO DE REPRISE............ 185
Relevância dos sociopsicodramas públicos 188
Procedimento da intervenção....................................... 190

4 E, AFINAL, O TEATRO DE REPRISE COMO UMA EXPRESSÃO DO
POÉTICO DO TEATRO NO SOCIOPSICODRAMA 223

BIBLIOGRAFIA 231

Prefácio
Improvisações escritas

> *"Ser contadora de histórias reais é acolher a vida para transformá-la em narrativa de vida. É só como história contada que podemos existir. [...] Toda história contada é um corpo que pode existir. É uma apropriação de si pela letra-marca de sua passagem pelo mundo. O ponto-final de quem conta nunca é o fim, apenas princípio."* (*Meus desacontecimentos*, Eliane Brum)

DA PLATEIA JÁ AQUECIDA para a atividade dramática surge um primeiro emergente grupal. Ele, o psicodramatista, nos conta a seguinte cena: após aceitar um honroso convite para escrever um prefácio, começa a ser povoado por inúmeras cenas que viveu em companhia da autora desse livro. Cenas que ficaram gravadas em seu corpo... Ouve-se ao fundo um ego-músico, que canta uma canção de Chico Buarque: *"... quero ficar no teu corpo feito tatuagem, que é pra te dar coragem, pra seguir viagem, quando a noite vem..."*

Solilóquio do emergente grupal: As histórias de meu percurso enquanto psicodramatista são atravessadas em quase todos seus momentos pela força, experiência e generosidade da autora do presente livro, o que torna a tarefa de escrever tal prefácio ainda mais árdua, pela grande carga afetiva que se mobiliza em mim ao longo dessa ação de escrita. E, se lágrimas fluem enquanto o escrevo, são pelas recordações das cenas vividas e pelas transformações geradas nessa intensa relação que se estabeleceu entre nós. Se escrevo tal prefácio é apenas como aquecimento vincular aos seus futuros leitores, que pretendem mergulhar nesse universo rico, ético e estético do Teatro de Reprise. Rosane Rodrigues dispensa apresentações, seu pertencimento criativo na comunidade psicodramático brasileira é mais do que sabido e merecido.

A primeira cena que gostaria de contar é de um tempo em que ainda era aluno de Psicodrama no Instituto Sedes Sapientiae, e Rosane pedia como trabalho de sua disciplina que cada um dos alunos levassem uma obra de arte que eles mesmos tinham feito. Levei o rascunho de um quadro que ainda pintaria em algum momento futuro. Esse quadro, um óleo sobre tela, encontra-se atualmente em meu consultório e a figura nele pintada é inspirada numa escultura fluída. Hoje, numa espécie de inversão de papéis, é Rosane quem me entrega sua obra de arte.

A arte sempre está presente no fazer sociopsicodramático de Rosane, tanto em suas aulas quanto em suas intervenções clínicas pelo mundo afora, contagiando a quem dela se aproxima. Essa força poética da arte lhe dá envergadura para criar e escrever uma obra situada entre o teatro, a socionomia e o Playback Theater, alimentando-se ora de um, ora de outro, de acordo com suas necessidades de criação nesse universo rico e singular do Teatro de Reprise. Rosane com isso deixa uma marca diferencial e singular no movimento psicodramático brasileiro, ao dar corpo e consistência a um novo território por ela criado ao longo de anos de pesquisa e de atividades com grupos. Extremamente generosa, oferece um amplo passo a passo a quem queira reproduzir seu método de trabalho, estabelecendo zonas de vizinhança e de diferenciação entre o que faz e aquilo de que se alimentou em sua criação.

Sente-se ao longo da leitura desse livro sua mão colada a nossa em cada parágrafo, talvez pela sua ampla experiência como psicoterapeuta e no ensino de psicodrama, pois ela sabe da necessidade de nos acompanhar na exploração de território tão singular como o do Teatro de Reprise.

Aliás, o acolhimento é uma das marcas de seu método, e eu arriscaria dizer que é um de seus valores principais. Rosane repete isso em várias passagens, ao entender sua proposta a partir da inclusão total de Moreno em seus trabalhos com o Teatro de Reprise. Mas, se tal acolhimento é sentido em cada linha como uma função de maternagem (*cluster* 1), e tão bem exemplificado com a caso de Beth (nome fictício dado pela autora a uma participante de um trabalho no Centro Cultural São Paulo), Rosane não deixa dúvidas em sua função paterna (*cluster* 2) de que é preciso ter uma sólida formação em Socionomia para fazer Teatro de Reprise, quer seja pelo domínio dos conceitos que utiliza, quer seja pelo elegante manejo de suas técnicas. Esse mostrar-se por inteira, um constante desnudar-se, como dois irmãos que conversam e trocam segredos íntimos longe do olhar dos pais, estabelece uma relação horizontal com seu leitor em cada passo de sua escrita, atualizando uma função fraterna (*cluster* 3).

Mais do que um método de intervenção grupal, no Teatro de Reprise de Rosane Rodrigues faz-se um *ethos*, impregnando certa atitude de vida na relação com seu público, com seus alunos, com seus colegas de trabalho e, agora, com seus leitores. *Ethos* que acolhe, que contorna e que compartilha suas experiências clínicas, enriquecendo assim a própria Socionomia e levando adiante o projeto moreniano de obra aberta à criação.

Mas deixemos de lado minhas imprecisões a respeito do Teatro de Reprise, um pretenso espelho ressonante do que antecipadamente li e experimentei, e que se abram as cortinas de nossos ouvidos e corações para a real protagonista desse livro, nossa primeira combatente a narrar suas histórias, deixando-nos livre enquanto egos-atores para improvisá-las pelos palcos da vida os quais cada um circula, multiplicando-as. Enquanto nos aquecemos na improvisação, fiquemos com mais uma canção de um de nossos egos-músicos:

"Sai de si
Vem curar teu mal
Te transbordo em som
Põe juízo em mim
Teu olhar me tirou daqui
Ampliou meu ser..."[1]

ANDRÉ MARCELO DEDOMENICO
São Paulo, novembro de 2015.

---

1. "Encontro", Maria Gadú.

Aquecimento vincular

INTEGRANDO AS LINGUAGENS DO teatro e do psicodrama, o texto busca contar o "caminho das pedras" de uma metodologia brasileira que interage com o público de maneira improvisada, gerando real interlocução entre palco e plateia: o Teatro de Reprise brasileiro.

Este livro foi concebido a partir da minha tese de doutorado em Artes Cênicas (Pedagogia do Teatro), na Universidade de São Paulo, pela qual obtive aprovação com indicação de trabalho de referência, por dialogar e fazer fronteira com áreas como Psicologia, Teatro, Educação e Ciências Sociais. Uma parte da tese foi escrita durante uma estadia de estudos e pesquisa em Lisboa, patrocinada pela Coordenação de Aperfeiçoamento de Pessoal de Nível Superior/Ministério da Educação e Cultura (Capes/MEC), um órgão público brasileiro.

Em 1993, quando surgiu o Teatro de Reprise, na cidade de São Paulo, inspirado no Playback Theatre americano (1975) de Jonathan Fox, o Grupo Reprise, do qual eu fazia parte, estabeleceu uma relevante inovação no cenário sociopsicodramático e nas artes cênicas do Brasil. Naquela ocasião, o movimento psicodramático brasileiro buscava o entendimento da linguagem cênica e a aceitação da potência estética contida nas intervenções sociais, com foco nos grupos e em sua sociodinâmica. Naquela altura, não se poderia descortinar como o Teatro de Reprise, um acontecimento isolado, se desenvolveria e coadjuvaria vários movimentos de pesquisadores brasileiros, dando ao sociopsicodrama nacional a relevância política e científica de que hoje desfruta internacionalmente.

Eu mesma não poderia imaginar a importância que essa metodologia viria a ter na minha vida profissional e quais reflexos práticos e teóricos se produziriam. Durante minha convivência e prática com o Teatro de Reprise, ensaiei algumas vezes parar para estudar e escrever sobre ele. Tal chance surgiu por intermédio da universidade, com o doutorado, oportunidade na qual pude dialogar principalmente com os artistas cênicos, já que a pós-graduação acontecia não em um instituto de Psicologia, de onde vim, mas no seio da mais importante universidade brasileira em artes cênicas: Escola de Comunicações e Artes da Universidade de São Paulo (ECA-USP).

O livro foi uma consequência desse estudo e, obviamente, para quem se interessar especificamente por psicodrama ou necessitar de mais esclarecimentos sobre essa abordagem, sugiro verificar diretamente a tese que deu origem a essa publicação, na qual me alonguei em explicar e historiar o psicodrama e a teoria socionômica, além de contar as inovações brasileiras nessa área.

Parte do texto foi escrito em Lisboa, em um quarto alugado para pensar no teatro, no psicodrama e no Teatro de Reprise, inspirada pelos sons e imagens lusitanos em época de primavera e verão.

Relembrando meu percurso profissional, constato uma trajetória desde a minha infância marcada por um enorme interesse por livros e palcos, por poesia e balé clássico. Também é importante o curso no Instituto de Psicologia da Universidade de São Paulo (IPUSP) feito nos anos 1970, em pleno regime militar, com professores sérios e éticos, embora com pouca abertura para abordagens que tratassem do assunto corpo e muito menos de ação. Faço parte da geração que ajudou a mudar a sisudez e chegar ao que temos hoje. Fomos vitoriosos e conquistamos a democracia, que ainda tenta se afirmar. Mas, infelizmente, o padrão que se estabelece hoje é o da evitação da dor, a qualquer custo, consumindo muito e evitando o vazio e a angústia ao máximo.

O psicodrama surgiu como uma resposta e para o meu desenvolvimento. O movimento psicodramático, como eu mesma, estava também desabrochando no cenário brasileiro. Para mim, o caminho da ação (dramática) foi uma escolha não tão corporal nem tão verbal. A formação em Psicodrama Clínico de quatro anos, pelo Departamento de Psicodrama do Instituto Sedes Sapientiae (DPSedes), e o mestrado em Artes, na Escola de Comunicações e Artes da USP (ECA-USP), por dois anos, levaram-me ao palco e devolveram-me aos livros de uma maneira inteiramente nova. Psicodrama e teatro: grandes paixões! Até hoje.

Essa trajetória mostra uma necessidade de buscar respostas que integrassem o conhecimento teórico mediante práticas encarnadas numa vertente ética e não moralista. Meu trabalho, desde esse momento, na psicologia clínica, no ensino, como nas organizações, tem sido pautado por essa busca.

O criador do psicodrama, Jacob Levy Moreno (1889-1974), e seus seguidores ofereciam então uma metodologia que colocava em cena qualquer tipo de assunto, fosse privado, conceitual ou comunitário, com o objetivo de investigar e transformar ao mesmo tempo. Com inspiração do teatro, um indivíduo, investido de um personagem (autor), leva ao palco seu esboço de cena, como desbravador de um grupo, interessado em certa questão. Um diretor (psicodramatista) conduz o autor pelos caminhos de "sua" cena, que de fato é uma cena emergente do grupo presente. Acrescentando ao autor, o ator de sua cena a desdobra, aprofunda, modifica, cria nova partitura a partir dela, com a ajuda dos auxiliares da equipe e também de atores espontâneos, chamados de ego-auxiliares. Esse diretor usa algumas técnicas durante o desenvolvimento da cena, criadas por Moreno para ajudar o autor/ator em sua busca na ação dramática inteiramente improvisada.

A ação dramática ou dramatização para o sociopsicodrama é tanto uma etapa da sessão quanto um procedimento que constrói o enredo da cena aos poucos, por meio do improviso, ali mesmo, naquele momento. Não há, como no teatro (ou como deveria ser), uma ideia prévia que se queira passar para a plateia. No máximo, apresenta-se um tema já bem estudado pela equipe, porém a verdade sobre esse tema vai surgir do grupo durante o desenrolar das cenas, de forma harmoniosa ou dissonante.

Drama ou dramatização no meio teatral possui conotações mais ligadas ao teatro burguês ou à superficialidade. Já no psicodrama, significa a configuração de um contexto permissivo à imaginação daquela plateia presente.

A ação dramática no psicodrama se desdobra até que o autor/ator/protagonista/personagem de si mesmo sofra uma brusca transformação em sua maneira de ver a questão em pauta. Algo que vá além de uma percepção da situação, que produza um efeito emocional intenso e torne esse autor mais potente e gradualmente menos ressentido. O grupo participante se torna igualmente mais potente e menos ressentido. Esse algo novo pode ser chamado de "*insight* dramático" ou, em grau mais extenso, de "catarse de integração". Em linguagem coloquial: uma "grande sacada", um salto na compreensão do tema em questão. Esse é o momento em que conteúdos incoerentes, paradoxais, inaceitáveis, que tornavam a situação inatingível, imutável ou, ainda, esvaziada, se transformam. Também se transformam os indivíduos envolvidos. Claro que a ação dramática não tem as consequências da vida real e, por isso mesmo, ela prepara e amplia o autor e seus pares para ela, segundo uma nova visão ficcional da questão/conflito.

Essa poderia ser a descrição de um sociopsicodrama clássico moreniano, um relato que intencionalmente evita variações, exceções e novas contribuições à metodologia. O importante e relevante aqui é que o autor descrito volta do palco para o contexto grupal renovado e encontra seus companheiros de trajetória agradecidos por todos os caminhos abertos a cada um. O grupo também sofre, junto com o autor/ator, a "catarse de integração" e, ao final, compartilha com ele as peculiaridades de cada caminho trilhado, ajudando-o a sentir-se menos só em sua solitária estrada. O caminho de aprofundamento da questão/conflito pode ser uma dificuldade de lidar com a violência na comunidade ou as razões de certa desmotivação num setor de uma empresa.

Seguindo minha trajetória como psicoterapeuta psicodramatista, professora de psicodrama e atriz amadora, deparei com o Playback Theatre (PBT) em 1993. Criada por Jonathan Fox em 1975, a metodologia americana coloca em cena histórias reais da plateia, por meio de atores, para que o autor assista a elas. Novamente encontro uma resposta para os dois mundos de meu interesse, o grupal e o palco, o psicodrama e o teatro. Ao batizarmos de Teatro de Reprise (TR), eu e a equipe que começou essa metodologia no Brasil, o Grupo Reprise, assim como a Rede Internacional de Playback Theatre, supúnhamos que se trataria de uma tradução, com algumas diferenças.

Aos poucos, notamos várias especificidades de procedimentos do TR, porém somente ao me aprofundar nos estudos é que ficou nítida para mim a especificidade mais expressiva da nova metodologia: o ponto de vista sobre o narrador fundamentalmente pela via da grupalidade do sociopsicodrama no TR. Já o PBT, por sua vez, chega à comunidade e trabalha com o grupo, mas encara o narrador individualmente, como alguém que "beneficia" a plateia e é "beneficiado" por ela.

Importante salientar que o PBT original se constitui a matriz de referência para as comparações feitas neste livro, servindo de base para meu conhecimento do método, principalmente a dissertação de Siewert (2009), o livro da cocriadora do PBT, Jo Salas (2000), um encontro pessoal com ela em 1994 e algumas cartas que trocamos em 2006 sobre as diferenças entre a maneira de trabalhar do International Playback Theatre Network (IPTN) e a do Teatro de Reprise.

Durante o meu mestrado em Artes, também observei semelhanças e especificidades entre o teatro e o sociopsicodrama. Percebi naquele período de pesquisa que os psicodramatistas, assim como os artistas cênicos, pouco ou nada sabiam sobre os estudos uns dos outros. De ambos, notei fundamentalmente preconceito e, com mais frequência, desinformação. Por isso, tenho militado no meio sociopsicodramático pelo conhecimento do teatro, tentando facilitar o acesso dos psicodramatistas à quantidade de ações semelhantes que temos com professores de educação artística, atores, dramaturgos e diretores teatrais.

Percebo que, atualmente, um expressivo número de psicodramatistas já valoriza o conhecimento teatral em estudos mais aprofundados das intervenções que envolvem a psique humana, assim como nas ações na dimensão do coletivo. O preconceito ainda existe, porém em grau muito menor. Entretanto, no teatro, vejo diretores que, em nome de certo resultado pretendido e ainda que bem-intencionados, expõem seus atores a experimentações irresponsáveis, com pouco conhecimento necessário, parecido com o que era feito nos anos 1970. Depois que obtêm o resultado, não oferecem retaguarda para que o ator ou o grupo de teatro saiba o que fazer com o que foi dissecado.

Cada vez mais, o teatro se aproxima do sociopsicodrama, o que é desejável. Porém, com pouco ou nenhum conhecimento, principalmente dos fenômenos grupais, não se pode usufruir do que potencializaria o trabalho artístico, como um aquecimento adequado do público ou um fechamento coletivo, de tal forma que todos pudessem viver o trabalho de maneira emocionante, intensa e igualmente segura, sustentada e sustentável. Claro que isso é conquistado em raras e honrosas exceções, como, por exemplo, no trabalho da inspiradora e saudosa atriz e diretora Miriam Muniz.

Tudo isso fez parte do meu retorno à academia para realizar o doutorado, uma maneira de estudar esses caminhos quase paralelos: o teatro e o sociopsicodrama. De certa forma, eu daria continuidade à imensa contribuição de Augusto Boal com seu Teatro do Oprimido, que, usando uma perspectiva relacional e essencialmente política, produziu um teatro libertador.

A metodologia do TR é uma modalidade relativamente pouco estudada. Há menções ao TR brasileiro em algumas novas publicações, mas ainda se percebe uma confusão entre o que seria o Teatro de Reprise, o Playback Theatre e os modos do Teatro do Oprimido de Boal, teatro fórum, teatro imagem, arco-íris do desejo etc.

Trabalho com a metodologia do TR há mais de 20 anos e observo que os grupos e a plateia que participam de atividades em que ela é usada podem integrar conceitos de maneira duradoura e eficiente, partilhando um conhecimento adquirido pela comunidade ou simplesmente saindo da experiência mais potentes, valorizando seus relacionamentos e a si mesmos como seres históricos. Percebo ainda que os métodos vivenciais e interativos ampliam e multiplicam os sentidos e as verdades, flexibilizando e articulando conceitos rígidos, notadamente no mundo corporativo. Também no contexto do trabalho comunitário e da busca de cidadania, tais métodos produzem efeitos de significação e integram atitudes importantes para a cultura de determinada comunidade.

A natureza poética do método potencializa o efeito grupal e individual do tema proposto. O respeito, a delicadeza e a metáfora, contidos na leitura realizada pelo elenco, podem ser altamente transformadores, como um ritual de passagem.

A modalidade sociopsicodramática Teatro de Reprise é também uma reflexão sobre como acontecem o processo de transformação, o aprofundamento de temas e até a aprendizagem mútua, na coconstrução e corresponsabilização propiciadas pela metodologia, por meio da mobilização do coconsciente e do coinconsciente grupais (consciente e inconsciente compartilhados por mais de uma pessoa, com intimidade e história comuns).

1 Aquecimento dramatúrgico: um olhar histórico e conceitual para iniciantes em sociopsicodrama

HISTÓRICO

O psicodrama costuma despertar nos iniciantes e até mesmo nos iniciados um acender apaixonante de seus idealismos. Parece que certo perfil sonhador quixotesco é comum entre os que, como eu, elegem essa abordagem como referencial. Quem teve contato pessoal com seu criador, Jacob Levy Moreno (1889-1974), ou lê alguns trechos em que ele nos arregimenta para as fileiras do tratamento da humanidade, a sociatria[1], dificilmente não é arrebatado por um convite à ação, à liberdade, à espontaneidade, à inclusão e ao respeito às diferenças na convivência coletiva.

A trajetória de Moreno, seus conhecimentos teatrais e suas ideias vanguardistas, ousadas e revolucionárias criaram as bases da psicoterapia de grupo, do psicodrama e da sociometria[2].

Uma personalidade marcante, carismática e inquieta torna superlativas todas as descrições feitas por quem o conheceu ou o estudou. Moreno nasceu em 1889, na Romênia, onde viveu por cerca de seis anos, mudando-se então para Viena, na Áustria. Encontrou-se, portanto, num cenário de grande ebulição da psicologia, da filosofia, das artes etc. Em 1925, mudou-se definitiva-

---

1. Trata-se de uma proposta utópica de Moreno, na qual se poderia fazer um tratamento que abarcasse a humanidade inteira.

2. Conjunto de técnicas para medir e estudar os processos vinculares (vínculos ou relacionamentos entre pessoas) que se manifestam nos grupos humanos.

mente para os Estados Unidos, onde encontrou um contexto mais receptivo para suas teorias e foi finalmente reconhecido.

Entre suas criações, destaca-se o conceito de realidade suplementar, que está na base de quase toda sua teoria e alude ao aspecto ficcional do psicodrama, comum com o teatro. O conceito confere a toda ação dramática realizada no palco do psicodrama uma "experiência nova e alargada da realidade, que ele considera, no caso da realidade suplementar, pluridimensional" (Moreno, 1999, p. 104).

O jovem Moreno (1987, p. 52), como estudante de medicina, entre 1908 e 1911, promoveu o que chamava de "psicoterapia para deuses caídos" e, com isso, permitiu e estimulou crianças a reconstruir seu cotidiano com os adultos, atuando com o improviso. Já aí se vê o improviso como base de uma preocupação com a quebra de estereótipos sociais: a revolução criadora. Nessa época, Moreno e alguns amigos fundaram uma espécie de religião centrada na criatividade, com encontros para discutir questões filosóficas e teológicas, além de um culto ao anonimato. A regra do anonimato determinou, por quase toda sua vida, que ele lutasse para que suas obras fossem patrimônio da humanidade e não de um único homem. Também atuou com um grupo vienense de mulheres profissionais do sexo, promovendo uma ajuda mútua entre elas, a ponto de contratarem advogado e médico para atendê-las e se constituírem, em 1913, como uma associação pioneira para batalhar pelos seus direitos.

Nessa fase de intervenções comunitárias, Moreno também atuou ao lado de refugiados tiroleses do sul, dado que trabalhava como pediatra num hospital do campo que os abrigava. Ele intercedeu junto à administração do campo para que as pessoas fossem colocadas mais próximas de quem tinham mais afinidade religiosa, econômica ou de estilo de vida. Assim, as famílias poderiam entrar menos em conflito numa situação já de muita dificuldade, em um país estranho e em condições precárias, como a de viverem em barracas improvisadas em um campo de refugiados.

O momento destacado por Moreno que marca oficialmente o nascimento do psicodrama foi sua exibição em 1º de abril de

1921, dia internacional da mentira, a qual ele mesmo considerou a primeira sessão psicodramática oficial. Essa sessão ocorreu no Komoediaen Haus de Viena (Moreno, 1987, p. 52) e indica uma intenção de grande impacto de tratar em tom sarcástico a falta de liderança política da época. Uma poltrona de pelúcia vermelha no palco, um manto púrpura e uma coroa dourada constituíram o cenário que surgiu na abertura das cortinas. O próprio Moreno, sozinho, vestido de bobo da corte, se apresentou para uma plateia de cerca de mil pessoas, entre curiosos, representantes de Estado europeus, não europeus e de organizações religiosas, políticas e culturais, médicos, militares, ministros e advogados. Todos foram convidados a subir ao palco e dizer que ideias um líder deveria ter para se candidatar a rei do mundo.

Moreno declarou que queria curar o público de uma doença, que nomeava como síndrome cultural patológica. E, por meio dessa ação pública, denunciou e escancarou satiricamente o retrato dessa doença social.

O descontentamento com o teatro era geral e a rebeldia de Moreno estava alinhada ao pensamento do movimento vanguardista da época, até porque seus companheiros eram do movimento expressionista nascedouro. O autor, em seus textos, critica muito o teatro pela ausência de espontaneidade dos atores e ataca violentamente o clichê teatral. No entanto, devemos relativizar a crítica, contextualizando a qual teatro ele se referia. Tratava-se de um teatro igualmente criticado por inquietos artistas teatrais do período que buscavam quebrar o paradigma da beleza, do "arrumadinho" da aristocracia, do artificialismo, por meio de um teatro experimental.

A apresentação de 1921 abriu espaço para que ele criasse, junto com os amigos artistas, seu Teatro da Espontaneidade. Em apresentações que passam a ser frequentadas por atores amadores, poetas e público em geral, fez muitas de suas experiências que seriam mais plenamente desenvolvidas em sua fase americana, a partir de 1925.

Que experiências eram essas? Ele apresentava peças espontâneas, conforme proposição do público presente. Nesse tempo, a vanguarda teatral já começava a valorizar a figura do diretor de teatro, que, nesse caso específico, inovava por colocar-se no palco para mediar a passagem das propostas, concretizando-as em cenas realizadas pelos atores espontâneos. O auditório estava constantemente lotado e o público ia aprendendo a se envolver com a proposta. Isso ainda não era chamado de psicodrama, mas os métodos básicos destes já estavam colocados. A eliminação do texto escrito, a pesquisa de estados espontâneos, as histórias relatadas e inventadas que surgiam da vida privada ou da comunidade configuraram o que Moreno nomeou de "criaturgia".

Reagindo à crítica de que tudo era ensaiado, Moreno criou uma nova modalidade de Teatro da Espontaneidade (batizada) de Jornal Vivo ou Jornal Dramatizado, cuja característica principal era encenar a notícia do dia de algum jornal diário. Isso garantia a impossibilidade de grandes ensaios para que se obtivesse um resultado cênico perfeito. Essa modalidade era justamente a que Moreno utilizaria para "curar" o casal Bárbara e Georg, a primeira terapia de casal de que se tem notícia.

O caso de Bárbara – Bárbara (Anna Höllering) era uma atriz amadora que seguia as sessões de Teatro da Espontaneidade e era frequentemente eleita pelo público para desempenhar personagens ingênuas, heroicas e românticas. O marido procura Moreno e revela sua intenção de separar-se, porque a esposa é muito agressiva e violenta verbal e fisicamente. Muito diferente de como ela era vista pela plateia.

Moreno convida Bárbara para interpretar, no palco do Teatro da Espontaneidade, a personagem de uma profissional do sexo que teria sido morta por um estranho, argumentando que ela poderia explorar outras possibilidades menos ingênuas e mais vulgares. Ela faz o papel e se sai muito bem, surpreendendo o público com sua habilidade agressiva. A partir daí, ela passa a interpretar esse tipo de personagem com maior frequência. Georg, animado, diz a Moreno que Bárbara mudou muito e que sua violência anterior foi abrandada. Georg também pode compreender melhor a esposa ao assistir-lhe interpretando esses novos papéis.

Moreno assim descobriu a ação psicoterápica do seu Teatro da Espontaneidade e a metodologia passou a ser chamada de **teatro terapêutico** ou **psicodrama**. A descoberta foi uma intervenção que coloca oponentes em conflito, um no lugar do outro, por meio da inversão de papéis, abrindo espaço para que se expressassem a fúria e a dor, evitando-se assim que ações destrutivas tivessem consequências irreversíveis. As consequências ou a suspensão da realidade marcam o método e permitem uma abertura para buscar a saúde mental.

O autor, então, reorientou o recém-nascido psicodrama para os domínios da psicoterapia, ficando a abordagem por muito tempo quase que indissolúvel e exclusivamente ligada à área da saúde, afastando-se cada vez mais das áreas da educação e do campo social, ainda que ele tivesse ressaltado que a psicoterapia seria também um processo de aprendizagem. Esse afastamento aconteceu porque a estética improvisada, ligada à ética e ao resultado emocional de pacientes e de seus problemas, confere ao psicodrama solidariedade e, segundo o próprio Moreno, identificação imediata. Isso, na época, o isentou de críticas muito fortes em relação à qualidade de seu teatro.

A segunda crítica sobre imperfeições cênicas pôde ser respondida pelo efeito terapêutico da nova metodologia. A falta de rigor cênico do improviso era acolhida pelo público com simpatia e empatia, graças às histórias de sofrimento dos protagonistas/pacientes.

Esse foi um marco importante que afastou, nesse momento, o psicodrama da arte, como necessidade de expressão de um autor, e produziu uma longa dissociação entre a busca da potência ética e o rigor estético. Então, Moreno passou a dedicar-se exclusivamente ao teatro terapêutico. O fato que se impôs foi que Moreno, apesar de ter iniciação nas artes teatrais e ter começado um curso de filosofia, teve sua formação completa na área da saúde, como médico. Portanto, ele deixou seu embate com o teatro e migrou para a área da saúde mental, na qual foi mais aceito. Isso, aliado à busca do anonimato, trouxe pouca repercussão atual de seu movimento teatral tão inovador.

Moreno ainda comentou que poderia ter convertido o psicodrama em uma seita religiosa, dada sua força de quebra de barreiras emocionais ligadas a um ritual quase xamânico de algumas cenas. Propôs a teoria do momento que valorizasse o ato criador.

Fica combinado que tudo o que se passa em cena é presente, ou ainda melhor, não tem barreiras de tempo e espaço: o "aqui e agora", que tem suas raízes no movimento expressionista. Já o termo "espontaneidade", que viria a ser um dos pilares mais relevantes de sua teoria, é inspirado em Bergson e contraposto ao que Moreno chamava de "conserva cultural"[3]. Assim, "uma conserva cultural é a matriz, tecnológica ou não, em que uma ideia criadora é guardada para sua preservação e repetição" (Moreno, 1987, p. 175).

Portanto, a espontaneidade está associada à ideia do original, do novo, mas também ao modo mais adaptativo, ligado ao senso de oportunidade. Moreno se apoiava nas teorias de Darwin de seleção natural para conceituar a espontaneidade como um fator inato, que garantiria a criatividade da sobrevivência, diferenciando-a da impulsividade. Aqui está contida uma ideia segundo a qual todos os seres humanos seriam gênios em potencial, podendo a educação e outros fatores externos bloquear o funcionamento natural de uma adaptação saudável.

---

3. Mais adiante veremos como a conserva cultural pode ser vazia, cristalizada ou corresponder a valores, cultura e subsídios para o ato criador.

Moreno também definiu um coconsciente (CCS) e um coinconsciente (CICS), em que pactos e contratos vigeriam de maneira compartilhada entre duas ou mais pessoas, e defendia ideias sobre inclusão, baseadas no conceito da inversão de papéis para aceitação das diferenças entre pessoas e grupos.

Com suas ideias revolucionárias, Moreno emigrou para os Estados Unidos em 1925, país onde desenvolveu um sistema de medidas de grupos – a "sociometria" com o qual se poderiam visualizar graficamente grupos humanos, analisá-los e interferir neles. Moreno aí consolidou suas ideias e criou outras, como o conceito de "tele" como base de escolhas mútuas, sejam elas de atração ou de rejeição. É um conceito que vai além da empatia, pois propõe a menor unidade de um grupo. A tele, ou escolha recíproca a distância, serve de base para várias escolhas de afinidades dentro de um grupo humano; e, por meio dessas reciprocidades, poder-se-iam detectar nos grupos suas lideranças, exclusões, subgrupos etc. Moreno chamou a tele de unidade mais simples de afeto, transmitida de um indivíduo a outro em sentido duplo (Menegazzo, 1995, p. 207).

Moreno também criou uma teoria de papéis, claramente inspirada no teatro artístico, na qual diferenciava "papéis sociais", na dimensão social, "papéis psicodramáticos", na dimensão da psique, e "papéis psicossomáticos", na dimensão fisiológica. Conceituou papel como o aspecto tangível do eu e definiu as etapas do desenvolvimento de cada papel humano: *role-taking*; *role-playing* e *role-creating* (Moreno, 1987, p. 413). Os papéis sociais que fazem parte do contexto social sempre possuem um contrapapel: pai-filho, professor-aluno, amiga-amiga etc. Já os papéis psicodramáticos são fruto da imaginação e, se forem desempenhados sem um contrato prévio com quem se contracena – e se não se tratar de uma criança, a quem é permitido misturar fantasia e realidade –, o indivíduo pode ser considerado louco.

Moreno (ibidem, p. 385), ainda em sua fase americana, definiu as redes sociais e propôs manejos específicos em relação a esse conceito, como o de subdividir grupos grandes, para que saiam de uma fase amorfa até alcançar primeiro um reconhecimento recíproco, depois uma ação e, finalmente, as relações mútuas. Ou seja, para que um agrupamento se torne um grupo. Também se aprofundou no estudo de como aquecer um grupo para essa trajetória rumo à ação dramática, e definiu que o aquecimento deve ser a primeira etapa de uma sessão de psicodrama e de qualquer trabalho espontâneo. A liberação da espontaneidade depende de estados aquecidos, coconscientes e coinconscientes.

A segunda etapa, a dramatização ou a ação dramática propriamente dita, é o clímax da sessão, em que se busca o *insight* dramático do protagonista ou de todo o grupo que está em cena e fora dela: a catarse de integração, uma ou várias "grandes sacadas" que propiciam a transformação, direta, no contexto dramático, e indireta, no contexto grupal e social. Claro que o contexto social, o mundo lá fora, continua o mesmo, mas as pessoas podem ser diferentes e mais fortes, por estarem livres de estereótipos e de padrões que haviam perdido o sentido.

Moreno (1999, p. 349) declara que não é exato classificar seu método como parte dos métodos catárticos de ab-reação[4], como a definição de catarse de Aristóteles, pois:

> [...] o fator decisivo é a integração sistemática de toda a cadeia seguinte: o psicodrama é composto de cenas estruturadas, cada cena de papéis estruturados e cada papel de ações estruturadas. É uma sinfonia de mímicas, de sentimentos e de esforços.

Ainda se contrapondo à ideia de que o psicodrama seja uma ab-reação, Moreno comparou a catarse psicodramática com "uma espécie de inteligência que jorra", ou um catalisador.

---

4. "Toda descarga emocional pela qual o sujeito se liberta do conteúdo afetivo de um acontecimento do passado" (Doron e Parot, 2007, p. 20).

Após a "dramatização", para fechar a sessão de psicodrama há uma etapa que ficou conhecida como "fase dos comentários" – também podem ser encontrados os termos "compartilhar", "compartilhamento" ou *sharing*. De fato, essa etapa poderia ser dividida em duas, em que na primeira parte se fazem comentários mais emocionais e, na segunda, mais racionais. Esse é o momento em que as pessoas partilham experiências significativas individualmente, as quais foram mobilizadas pela improvisação e têm várias funções: elaborar o ocorrido, partilhar e, de certa forma, avaliar o percurso. É papel da direção (do condutor do evento) evitar habilmente entre os participantes os conselhos ou caminhos que conduzam a um distanciamento afetivo ou a uma superioridade de um membro sobre outro. Entretanto, um distanciamento crítico se faz presente no alcance do quanto cada um e todos foram ou não transformados pelo drama do grupo ou pela poética da(s) cena(s).

Moreno (1987, p. 17) também nomeou os instrumentos do psicodrama baseado na linguagem teatral, como diretor, ego--auxiliar, protagonista, palco e audiência. Também criou várias técnicas pelas quais o diretor pode interferir na cena para viabilizar o projeto dramático[5] escolhido pelo grupo, de tal maneira que dê voz ao que o próprio grupo busca expressar, ainda que não tenha consciência clara disso. As primeiras técnicas, base para as inúmeras outras criadas posteriormente por ele mesmo ou por seus seguidores, são: inversão de papéis, solilóquio, espelho, duplo e interpolação de resistência (Moreno, 1999, p. 123). As técnicas constituem interrupções do fluxo da ação dramática e retornos a ele, realizadas pela direção ou autorizadas por ela, em plena vigência do contexto dramático. A direção é o único dos instrumentos que pode transitar, sem quebra da poética, entre o contexto dramático e o grupal, exatamente por meio das técnicas – diferentemente do Teatro de Reprise, em que ela nunca

---

5. Termo criado por Aguiar e hoje amplamente utilizado pelos psicodramatistas.

interfere de modo direto na cena, embora utilize técnicas específicas dessa metodologia. Moreno (1987, p. 35) também criou jogos dramáticos como a "loja mágica", que foi adaptada por Marineau e depois por mim mesma, utilizando a metodologia do Teatro de Reprise.

Pierre Renouvier escreveu que Kurt Lewin, grande expoente da teoria da Gestalt e criador das teorias sobre dinâmica de grupo, "teve dois períodos de produtividade, antes e depois de ler o livro de Moreno: *Quem sobreviverá?*" (*apud* Moreno, 1992, p. 65-66). Marineau nos conta que muitos dos alunos de Moreno, em 1938, eram também alunos de Lewin (Marineau, 1992, p. 128). Porém, até hoje o psicodrama é confundido com "fazer uma dinâmica", termo da dinâmica de grupo. William Allan White (*apud* Moreno, 2008, p. 34), psiquiatra bastante importante em 1933, escreve, entre outros elogios:

> Dr. Moreno assinala a existência de outro significativo aspecto divergente da abordagem psicanalítica, que é o fato de o analista trabalhar retroativamente na busca de uma explicação para o comportamento do indivíduo, enquanto ele toma o comportamento do indivíduo como ponto de partida e o trabalha de maneira proativa.

O fato de transformar os participantes em pesquisadores e, ao mesmo tempo, em transformadores do fenômeno relacional dentro da instituição pesquisada, com dados meticulosos sobre os passos seguidos, confere à obra *Quem sobreviverá?* (1934/1992) um olhar muito inovador para a época. Vários dos termos criados por Moreno nesse livro fazem parte do jargão atual de sociólogos, antropólogos, psicólogos sociais e mesmo de clínicos. Também os educadores se beneficiaram desse estudo, na medida em que foi proposta por Moreno (ibidem, p. 293) uma teoria da espontaneidade da aprendizagem, a qual indica que o conteúdo aprendido ocorreria com maior retenção em estados mais aquecidos, ou seja, vivencialmente. Ele usa no livro (ibidem, p. 336) o termo "robô", vindo da recém-descoberta robótica ou *robota*[6] como sinônimo das máquinas e conservas culturais que poderiam inibir a criatividade, além de competir agressivamente com o ser humano.

Moreno concebia o homem como um ser cheio de vigor e viço, que poderia revolucionar diariamente a si mesmo e ao seu contexto. Esse homem seria possuidor de centelhas divinas[7] que lhe permitiriam produzir vários atos criadores, plenos de espontaneidade, que romperiam com o senso causal do cotidiano. Um homem detentor de uma espontaneidade inata que o colocaria diante da vida, equipado com um alto grau de uma oportuna e flexível adaptabilidade.

Dado que, de certa forma, todo indivíduo seria Deus, segundo Moreno, o grande desafio humano seria resistir ao que já está pronto, construído, seguro. Quando o conforto trazido pelo que já foi criado e pela tecnologia prevalece sobre o homem criativo e agente, ele gradativamente se torna estereotipado, apresentando atitude "engessada" e comportamento clichê. São pequenos pacotes de ações (omissões aqui também são consideradas ações) bem-sucedidas, que funcionaram no passado e passam a constituir verdadeiras partituras e roteiros a ser repetidos: a conserva cultural. Um *script* que funcionou e não é mais questionado, substituindo a relação com os imprevistos da vida, tal qual ela se apresenta.

O homem moreniano, que cria constantemente, é também o sujeito da subjetividade descoberta por Freud, embora o psicodrama se proponha a investigar especialmente o fenômeno intersubjetivo e coletivo desse homem. O que se passa no "interior"

---

6. Palavra polonesa que significa trabalhar (ibidem, p. 336). Moreno a relaciona com autômatos e com automação, termos mais usados atualmente.

7. Ideia inspirada na seita judaica hassídica. O hassidismo foi a religião na qual J. L. Moreno foi criado. Entre outras coisas, acredita que cada homem seria Deus. A centelha divina equivale ao conceito de espontaneidade.

do indivíduo é aceito e pode ser visto como a subjetividade coadjuvante da ação. Moreno utilizou a noção de inconsciente apenas como estado, preferindo investigá-lo como um inconsciente compartilhado, ou seja, o coinconsciente, pois considera a "relação" entre indivíduos foco da ação e da investigação no psicodrama.

Moreno defende a novidade, a originalidade como essência do gênio criador. A conserva cultural garantiria a continuidade da herança cultural, ajudando o homem a superar o estado de insegurança e medo que o novo gera. No entanto, há a ameaça constante de que o conservado, "herdado" ou não, possa se tornar estereotipado, repetitivo e doente, como busca de conforto e segurança. Dessa forma, ele pode igualmente produzir mais doença nos vínculos sociais inter-relacionados e assim por diante, afetando pequenos grupos ligados. Nossas heranças das quais desconhecemos a história ou não sofremos o processo de conquista, por exemplo, o fogo, a roda ou a eletricidade, tendem a ser incorporadas na vida cotidiana, sem maiores estranhamentos, até que sejamos privados dessas facilidades. Isso, claro, vale também para ideologias e preconceitos aprendidos.

A proposta da sociatria é tratar os sistemas sociais abrangendo "a profilaxia, diagnóstico e tratamento da espécie humana, das relações grupais e intergrupais e, particularmente, a investigação de como podemos formar grupos que possam se impulsionar à realização, via técnicas de liberdade" (Moreno, 1992, v. 2, p. 235). O que está contido nessa ideia é que um dia o tratamento não seria mais necessário, pois a humanidade concretizaria suas metas de integração da fricção entre o individual e o coletivo, criativamente, com bom senso, liberdade e manutenção desse movimento de maneira sustentável.

Segundo Moreno, o sociopsicodrama pode representar um importante instrumento de intervenção social, operando entre o individual e o coletivo para a busca do que chamo de sustentabilidade social, econômica e psicológica dos grupos. No âmbito dos pequenos grupos, se essa intervenção for frequente, pode ocorrer também o que venho nomeando de exposição à convivência grupal do indivíduo. Trata-se da influência e do contágio mútuos da convivência com o mesmo grupo.

No entanto, antes de nos entusiasmarmos com essas ideias, é recomendável tomar algumas cautelas. Segundo Reñones (2003, p. 118), "em um dos momentos mais poéticos e inspirados de Moreno, ele apregoa que todos nós teríamos a dita centelha divina". Uma espontaneidade inicial que poderia, segundo ele, nos dar a sensação de estar em um plano superior, como criadores. Porém, inspirado na obra de Walter Benjamin, Reñones recomenda pensar a criatividade apenas como uma possibilidade potencial. Ou seja, se criamos, não significa que somos criadores, mas que temos essa faculdade. O autor ainda fala em aceitar a provocação de Benjamin e escovar a história a contrapelo[8], catando seus cacos. Ele recomenda aos seguidores um olhar de estranhamento sobre a fórmula instituída em que a dramatização sempre lançará luz sobre sombras, como um ideal iluminista, ou em que o ritual repetido de aquecimento, ação dramática e comentários sempre levará indubitavelmente ao novo.

Reñones também alertou para a possibilidade da repetição, ao olhar para o próprio psicodrama e alisar a história de pacientes, alunos e plateia para que ela fique bem limpa e bonita, sem tensões. No jargão psicodramático, seria o culto ao "final feliz" (a idealização da busca de uma solução para o conflito ou, em alguns casos, não entrar em contato com conflito nenhum). No entanto, dessa maneira não haveria lugar para a discordância e, portanto, para as diferenças individuais. Assim, a maioria submeteria a minoria, desvitalizando-a e não permitindo que sua voz dissonante se manifestasse. Esse é o lugar-comum da manipulação de grupos, do aborto da ambição pela saúde em

---

8. Termo em Benjamin (1980) que quer dizer, nesse caso, não alisar para esconder as arestas. Não minimizar as situações psicodramáticas que não saírem tão perfeitas assim.

nome de "ficar tudo bem" o mais rápido possível, por não suportar a angústia humana e a dor. Essa definitivamente não é a utopia moreniana.

O que se busca é a transformação, a multiplicação de sentidos, a desorganização da resposta pronta e acabada. A desconstrução de velhos valores que não servem mais e o garimpo dos que ainda servem e renová-los. E, num grupo, a busca de um objetivo comum, mas não de consenso. Cada indivíduo pode viver a experiência grupal e catártica, porém sem perder a lealdade a si mesmo e, ainda assim, todos estarem incluídos. Vale recordar também que o que se dramatiza é a imaginação do real em cena e não a realidade com as suas consequências irreversíveis.

De outro ângulo, há um limite de quanto os grupos suportam, como propôs Rolnik (2007, p. 68): "Um limite de tolerância para desorientação e a reorientação dos afetos, um 'limiar de desterritorialização', [...] 'limiar de desencantamento possível'". Portanto, a busca da utopia moreniana sustenta a vida em expansão e desafia a estagnação bloqueadora da espontaneidade.

Moreno acreditava que todos os indivíduos poderiam ser geniais. E, assim como ele, um grande número de artistas e educadores defendia ideias parecidas no princípio do século XX, basicamente ideias de ruptura com o padrão e de provocação da desconstrução na arte, no indivíduo e nos grupos, para que se abrissem possibilidades de novas respostas.

O homem contemporâneo de fato não controla tudo o que imaginava controlar pela tecnologia, e seu medo atual é o de ser substituído por máquinas – Moreno achava que o indivíduo contemporâneo se tornaria uma máquina ele mesmo. Portanto, a publicação de *Quem sobreviverá?*, em 1934 (Moreno, 2008), é quase uma profecia dos tempos atuais.

O panorama atual do mundo indica que Moreno estava alinhado em seu diagnóstico da humanidade, e que, ainda que as utopias não tenham lugar, por indicarem uma busca romântica de transcendência, o caminho da sobrevivência mundial terá necessariamente de passar por algum tipo de articulação coletiva. O mesmo coletivo que consegue promover o holocausto e tem força para excluir e matar é o que encontra significado individual, quando se sente representado.

Todavia, a visão do indivíduo como um ser potente, Deus e gênio, pareceu confundir os seguidores de Moreno, em especial os pioneiros, que pensavam romanticamente nesse homem moreniano também como ético. Parece que uma ideia de força e potência estava associada automaticamente a ações construtivas. Ser gênio significava se direcionar para o bem comum. Segundo Todorov (2008, p. 26), "é próprio do homem ser dotado de certa liberdade que lhe permite trocar-se e trocar de mundo e é essa liberdade que o leva a fazer tanto o bem como o mal".

Mas tanto os iluministas quanto os psicodramatistas "equivocados" ou "ingênuos" pensavam num ser humano potente como sinônimo de "bom" e ético, sem se dar conta de que a ética não é natural ao ser humano. Ser ético é uma necessidade humana a ser aprendida, pois dependemos uns dos outros, dos animais, dos vegetais, enfim, da natureza como um todo.

A ética é aprendida em tenra idade, juntamente com outros valores, em geral familiares (Cukier, 1995, p. 65). Isso quer dizer que, se uma criança nasce em uma família que rouba para viver, ela adquirirá uma atitude de apropriação do bem alheio, sem questionamentos maiores, até que a sociedade baseada na ideia da propriedade privada lhe demonstre, ou não, que isso é errado – a exposição à convivência grupal já mencionada. A partir daí, ela entrará em conflito entre dependências para sobrevivência física e emocional, até encontrar alguma solução bem-sucedida que lhe acomode a subjetividade. Essa solução não necessariamente será a mais consciente, todavia resolverá, de alguma forma, sua tensão entre individual e coletivo.

Esse raciocínio parece valer para a humanidade como um todo. A sociedade contemporânea ainda está tentando, com grandes dificuldades, adaptar-se à ética da atualidade, dadas as transformações rápidas e dinâmicas dos próprios valores éticos. Porém, se o indivíduo genial, potente e espontâneo pudesse ser ético apenas por ser exposto a situações coletivas de acolhimento das diferenças, sem a busca de um consenso, talvez uma atitude histórica e diferente pudesse ter lugar.

Vale dizer que essa tensão em níveis ótimos pressuporia um equilíbrio dinâmico, com movimentos sociais autorreguladores. As possibilidades de variação se baseariam nas desconstruções constantes, intencionais e também nas não intencionais, esperadas ou não, mas acolhidas e aceitas. Um mundo que valorizasse menos o imediatismo de resultados em detrimento do processo de construção, coconstrução e corresponsabilidade proposto por Moreno (2006, p. 425):

> Um sistema da sociedade deve ser realizado para que todas as pessoas lhe pertençam espontaneamente, não apenas "por consentimento", mas como "iniciadores"; sem exceção, não 99,9%, mas literalmente e numericamente *todas as pessoas vivas*.

No teatro, Desgranges (2003, p. 85) defendeu que o espectador ou o aprendiz teatral seja convidado a sair de sua passividade e docilidade:

> Um teatro em que a exigência seja fundamentalmente artística, com tudo o que a arte pode oferecer de incômodo e desestruturador. É desejável, portanto, que os produtores culturais lutem pela liberdade de conceber espetáculos dotados da capacidade, inerente à obra de arte, de abalar as certezas dos espectadores (tanto crianças quanto adultos) quanto a teatro ou vivência cultural.

É a responsabilização do espectador e, consequentemente, do ator, diretor, produtor e professor de teatro para uma arte que não apenas faça passivamente rir ou chorar, sem transformar. Se "o espectador não empreender o papel autoral que lhe cabe, o fato artístico não terá efetivamente acontecido" (Desgranges, 2006, p. 37). Entretanto, segundo ele, o papel de espectador não se constitui como algo inato, um talento natural. É preciso educar o olhar para que a capacidade de analisar uma peça teatral se torne uma conquista cultural de iniciados.

Esse pensamento de Desgranges, assim como o pioneirismo de Brecht e suas peças didáticas, está em consonância com a utopia moreniana de inclusão e corresponsabilização para a transformação crítica. Esses ideais podem ser o caminho de prevenção à violência e à destruição humanas presentes em sua já conhecida dificuldade de convivência grupal e nas novas possibilidades tecnológicas de destruição.

O psicodrama hoje não mais se dedica exclusivamente à saúde e à psicoterapia. Ele ampliou seus horizontes e retomou suas raízes sociais, voltando-se também para o estudo dos grandes grupos, abandonado há mais de uma década. Volta finalmente a cuidar do seu originário objetivo social e coletivo, e retorna às praças e às políticas públicas. Sincronicamente, o teatro também.

Se no passado o preconceito contra o psicodrama vinha do receio da exposição de um indivíduo e de sua privacidade, hoje é urgente que a sociedade se trate em conjunto, pois a maioria de nossos problemas individuais é consequência da falta de coletividade. A enorme demanda mundial atual é como conviver coletivamente em um mundo já criado pelo ser humano e repleto de problemas sérios e imprevisíveis. Ou previsíveis, mas sem nenhum plano B.

E a utopia? A palavra "utopia" foi usada por Thomas More em seu ensaio, escrito em latim e publicado em 1551, o qual criticava o funcionamento político da ilha Inglaterra e propunha uma nova ilha, onde os homens viveriam felizes e senhores de seu destino. Para More, esse ideal seria fundado no socialismo econômico e na tolerância religiosa. Porém, seu sentido de inclusão não abarcava a todos de fato; deixava de fora, por exemplo, os que não cressem em Deus. Daí já se vê que o sentido de utopia pode ser atravessado por questões subjetivas que geram atitudes e consequências diferentes e paradoxais, como nesse caso.

A utopia que se coloca aqui, ainda que apresente grande intensidade de idealismo, não pretende ser uma utopia inatingível nem transcendente, mas uma utopia da saúde da sociedade. Uma saúde que não elimine o desequilíbrio nem o embate entre os interesses individuais e coletivos, mas produza, desse embate, ações comprometidas para o bem coletivo e assegure a cada indivíduo sua dignidade e seu pulsar de desejo como força e não como ameaça de exclusão.

O SOCIOPSICODRAMA NO BRASIL

A utopia de Moreno de fazer psicodrama na TV foi, de certa forma, realizada por um brasileiro: Paulo Gaudêncio, famoso psicoterapeuta e reconhecido por sua competência com grupos, que apresentou na TV Tupi dos anos 1970 o programa *O Grupo*. Entre outros atores, a atriz brasileira Regina Braga[9] era uma de suas atrizes/pacientes[10] em episódios de sessão de psicoterapia grupal, inspirados em dificuldades cotidianas reais de pacientes igualmente reais. Médico de formação, Gaudêncio participou do marcante congresso de 1970, no Museu de Arte de São Paulo (Masp), que reuniu três mil pessoas, anunciado pelo próprio Moreno no ano anterior que seria um marco da história

---

9. Regina Braga, além de atriz, é psicóloga e psicodramatista e foi professora em 1980 do Departamento de Psicodrama do Instituto Sedes Sapientiae (DPSedes), importante federada de São Paulo.

10. Depoimento de Regina Braga (2011) sobre o programa: "[…] fiz um programa que Celso Nunes e Antônio Abujamra dirigiram. Chamava-se *O Grupo*. Era supervisionado pelo psicoterapeuta Paulo Gaudêncio e mostrava um grupo de pessoas, personagens, em terapia. […] Era uma delícia, você criava o seu personagem, escolhia os problemas dele que você queria tratar, e isso era registrado e transformado em texto por um autor. Depois gravávamos esse texto no estúdio".

do psicodrama. Moreno acabou não comparecendo, motivado por desentendimentos internos da organização mundial.

Na verdade, não pretendo historiar a trajetória do psicodrama brasileiro, mas recuperar algumas das grandes contribuições que os brasileiros têm realizado à obra de Moreno, fertilizando-a e ampliando-a. Devemos muito do que sabemos hoje ao esforço e à competência de vários estudiosos e dedicados profissionais que têm feito a ponte entre o psicodrama brasileiro e o resto do mundo e trazido cada vez mais densidade ao movimento. As figuras que destaco como atuais embaixadores nessa tarefa são José Fonseca Filho e Heloisa Fleury, dois incansáveis e elegantes mediadores do aprofundamento brasileiro com a rede internacional de psicodrama e com as várias abordagens de psicoterapia de grupo. Cito também a participação relevante do prof. dr. Clóvis Garcia, que fez o primeiro esboço do regimento da Federação Brasileira de Psicodrama (Febrap) e foi pioneiro ao levar essa abordagem à Universidade de São Paulo, nos anos 1980, além de outros incontáveis nomes que não me atreveria a listar, pois poderia não fazer justiça a todos.

No Brasil, as primeiras notícias sobre psicodrama ocorreram no Rio de Janeiro, com Alberto G. Ramos e suas intervenções sociodramáticas em diversos trabalhos no Instituto Nacional do Negro, em 1950, e também em artigos no jornal *Quilombo* a respeito da situação da negritude brasileira (Motta, 2008). Depois, o francês Pierre Weil[11], em Minas Gerais, e alguns argentinos, como Jaime Rojas-Bermúdez e Dalmiro Bustos, fincaram efetivamente as bases para o interesse no aprendizado da abordagem psicodramática.

Entretanto, o evento que entusiasmou e levantou o nome do psicodrama e da grande novidade de uma abordagem aberta, artística, que propôs uma alternativa de ação na aprendizagem e na psicoterapia foi a intervenção de 1970, no Masp, em São

---

11. Autor do famoso livro *O corpo fala*.

Paulo, envolvendo a comunidade paulistana, especialmente médicos, psicólogos e educadores. Tratou-se de um gesto inovador e de uma atitude bastante consonante com um momento de grandes revoluções, como os festivais de música e a tropicália. Tudo isso se passou em meio ao ápice da ditadura militar brasileira, com a censura proibindo que frases libertárias de livros de Moreno enfeitassem os corredores por onde mais de três mil congressistas passariam (Motta, 2008, p. 42-43).

Ainda na faculdade, por volta de 1976, assisti a uma espécie de *happening*, muito ao gosto dos anos 1970, promovido por Rojas-Bermúdez no Teatro da Universidade Católica de São Paulo (Tuca), no qual sacos elásticos enormes, de proporções humanas e feitos com panos coloridos[12], eram preenchidos com voluntários da plateia, dando formas fantásticas e expressivas de supostas emoções.

O psicodrama, porém, realmente se tornou alvo de minha paixão em 1978, quando já estava ligado a intervenções em grupo, para promover uma inovadora orientação profissional no Instituto de Psicologia da Universidade de São Paulo (IPUSP), onde fiz minha graduação. Sem o uso de testes psicológicos e lançando mão de jogos e dramatizações, vi um instrumento poderoso para colocar o indivíduo em cena, carregando a história e a representatividade do grupo.

É claro que desde então o psicodrama sofreu uma grande transformação, acolhendo hoje em dia muito mais a arte e a educação como tintas fortes (Rodrigues, 2008a, p. 102) do que aquele psicodrama realizado quase que exclusivamente por médicos e psicólogos. O prof. dr. Clóvis Garcia, já citado, ministrou por anos uma disciplina chamada "Técnicas Psicodramáticas Aplicadas ao Ensino" na pós-graduação em Artes Cênicas da ECA-USP. Até seu falecimento, em outubro de 2012, não houve

---

12. Suponho que deveriam ser feitos de algo sintético como *lycra*, ainda não do meu conhecimento na época.

notícia de nenhum profissional de psicodrama que tivesse uma disciplina na Universidade de São Paulo para ensinar essa abordagem, nem que ministrasse suas aulas usando tão amplamente o psicodrama como Garcia o fez.

Aquele que hoje é chamado de movimento psicodramático brasileiro carrega a marca de um início conturbado, por discordâncias no final da vida de Moreno. De um lado, a autonomia dos latino-americanos foi estimulada, como no discurso proferido por Moreno (*apud* Rojas-Bermúdez, 1977, p. 147) no Congresso Internacional de Psicoterapias de Grupo em Buenos Aires, 1969:

> Salve o Brasil, salve! [...] se pode fazer algo agora, em nosso tempo, algo que podemos fazer, vocês e eu, algo para nosso mundo, para o que não necessitemos de ditadores, não necessitemos de filósofos. [...] Abro meus braços para o Brasil, onde estaremos no próximo ano, abro meus braços a São Paulo, ao Rio, a todo o Brasil e também a toda a América Latina.

De outro, nascemos já fraturados por disputas de poder no que Moreno anunciava que seria o futuro da "família psicodramática". Somente na última década temos construído no movimento psicodramático brasileiro certa fluência nas relações para nosso desenvolvimento científico. Na atualidade, o psicodrama vem retomando suas raízes pedagógicas e andragógicas[13], assim como artísticas, e ampliando suas possibilidades interativas, formando inclusive oficialmente psicodramatistas com foco socioeducacional (Rodrigues, 2008a, p. 102-03).

O movimento psicodramático se desenvolveu primeiro com Moreno, nos Estados Unidos, e depois sem ele, pela mão de sua viúva, Zerka Moreno, e se disseminou mundialmente. Entretanto, onde parece ter se desenvolvido em maiores proporções foi na América Latina, em especial no Brasil. Temos hoje a maior fede-

---

13. Andragogia refere-se à aprendizagem de adultos.

ração de psicodrama de que se têm notícia no mundo, e também um dos mais expressivos números de publicações psicodramáticas (Perazzo, 1994, p. 21-31).

O nome Teatro da Espontaneidade deu lugar ao que hoje é conhecido com o nome genérico de psicodrama, teoria socionômica ou, ainda, socionomia – porém, o nome mais consagrado ainda é psicodrama. Aparece então um teatro espontâneo como modalidade desse psicodrama, embora outros autores considerem que todas as modalidades são na verdade variações do Teatro Espontâneo, que para Aguiar é o nome verdadeiro do psicodrama (1998, p. 44).

Algumas inovações psicodramáticas marcaram nos últimos anos o movimento psicodramático e consagraram ao Brasil certo pioneirismo nos chamados psicodramas públicos e no manejo de grandes grupos.

O psicodrama da cidade – *O que você pode fazer para ter uma FELIZ CIDADE* – organizado por Marisa Greeb, em conjunto com a prefeitura de São Paulo, foi um marco importante de uma iniciativa que mobilizou a cidade em março de 2001. Em vários pontos, em todas as regiões de São Paulo, intervenções simultâneas de psicodrama abordavam o tema da ética[14]. A iniciativa pretendia que o paulistano se comportasse menos passivamente quanto à resolução de certos problemas públicos e se mobilizasse para pensar em soluções ao seu alcance, buscando a responsabilidade de cada um e de grupos vizinhos com sua cidade. O objetivo era levar as pessoas a notar que não se trata de fazer sua parte, sem ligação com o que o vizinho faz, mas alertar cada um na relação com o outro para o que pode efetivamente mudar na sua casa, na sua comunidade, às vezes com um pequeno esforço. Pretendia-se uma ação de aprendizagem política de cidadania, que visava reivindicar as políticas

---

14. Eu mesma dirigi, na casa de Cultura de Santo Amaro, com o Grupo Improvise, um desses eventos.

públicas de maneira articulada, coletiva e mais realista, de modo a dar potência a ações espontâneas, individuais e coletivas, para mudar algo ao seu redor.

Várias outras propostas de mudanças vêm sendo introduzidas por brasileiros na metodologia psicodramática, as quais têm demonstrado flexibilização e ousadia dos procedimentos, ao gosto da constante renovação que Moreno pretendia.

Féo (2009, p. 87-104), em sua proposta multidimensional, por exemplo, não segue o ritual das etapas de aquecimento, dramatização e comentários, sugerindo o que chama de "fé tácita no mito do eterno retorno", em que se poderia aquecer já dramatizando, por exemplo. E, dessa maneira, encontra ressonância e reconhecimento dentro do movimento para suas ideias, haja vista ter sido chamada a debatê-las e ainda a presidir o Congresso Brasileiro de Águas de Lindoia, em 2010.

Enquanto isso, Merengué (2009, p. 105-14) nos remete à reflexão de que Moreno reagia a um mundo rígido e com poucas mudanças quando criou o conceito de conserva cultural, um mundo bastante fechado para novidades, se comparado com o presente século. O autor nos sugere uma atitude muito mais crítica diante do que é espontâneo e criador, acolhendo a conserva e acentuando-a como uma herança cultural e não somente como algo a ser evitado.

Em 1990, Monteiro (*apud* Figusch, 2010, p. 24) descreveu o primeiro sociodrama público e, em 1995, ela fundou o grupo Extramuros "com intenção de levar métodos de ação a espaços comunitários públicos". Nesse mesmo ano de 1995, publiquei (Rodrigues, 1995, p. 114-20) o que chamei de "psicodrama em espaço aberto", relatando a experiência que realizava já há alguns anos com alunos do curso de formação em Psicodrama nas ruas de São Paulo, embaixo da passagem da rua da Consolação ou no metrô, dentro e fora das estações.

O Playback Theatre e, mais fortemente, o Teatro de Reprise dessacralizam o ritual de levar a plateia ao palco psicodramático, convertendo o protagonista em narrador e, portanto, o drama em teatro épico. Defendo, em minha prática, a busca de uma atitude estética, aliada à ética no psicodrama, utilizando o Teatro de Reprise como alternativa de aprendizagem poderosa para médios e grandes grupos (Rodrigues, 2008a, p. 107). Outros grupos que seguiram essa tendência, com metodologias diversas, foram: Truperenpstórias, com seu Teatro da Criação; o Vagas Estrelas e o Gota D'Água, com montagens teatrais belíssimas que, em uma espécie de teatro fórum, convocavam a plateia a interferências mais variadas; e o AGRUPPAA, encabeçado por Féo com seu multidimensional método, já mencionado acima.

No entanto, talvez o exemplo mais contundente e contagiante do psicodrama atual, sem fronteiras e regras, o mais impactante, desconcertante e provocativo, seja a longa permanência dos psicodramas públicos no Centro Cultural São Paulo (Cesarino *et al.*, 2005)[15]. Esse trabalho foi apresentado pela comunidade brasileira e reconhecido internacionalmente no congresso de 2009 do International Association for Group Psychotherapy and Group Processes (IAGP), em Roma.

Esse projeto, que entra em seu décimo terceiro ano de permanência em um centro cultural, apresenta muitas relações com a derrubada de utopias românticas e com a criação de um lugar de não consenso, pois não há nele uma busca de aperfeiçoamento ou progresso de qualquer espécie. Nenhuma ação coletiva direta é resolvida a partir do que se faz ali. O grupo presente no dia pode dar voz às suas indagações de maneira artística, sem que seja necessariamente formado por profissionais da arte. Ou seja, é uma ocupação política, social e educacional do espaço da cidade, que é de todos ou deveria ser, surpreendente e legítima.

---

15. Algumas cidades brasileiras, em diferentes estados, se inspiraram nesse projeto e já o replicaram, com variantes regionais, como Campinas, Salvador, Goiânia etc. E o próprio projeto se ampliou em 2013 da zona sul para a zona leste de São Paulo.

O objetivo desta ocupação/intervenção na cidade é, através de métodos dramáticos, criar em um espaço público um acolhimento para diferentes subjetividades, sem compromisso com partidos políticos nem religiões. Que estas subjetividades trocadas coconstruam verdades partilhadas. E ainda, que as coconstruções gerem e estimulem novas subjetividades e novos modos de ser, individuais e sociais da coletividade presente a estes eventos e, quiçá, das multiplicações que a comunidade possa gerar. (Rodrigues, 2007, p. 1)

Há quem o frequente assiduamente. Há os que chegam pela primeira vez, pois estavam passando. Há os que vão buscar conhecimento, os que nem sabem por que estão lá, os que querem ser "curados". Os que vão para chorar e os que vão para rir. Os que querem ter algum contato humano ou debater temas da atualidade. O mais importante é que todos podem ter voz ali, de maneira dissonante ou não. Trata-se de um dos espaços mais arrojados que conheço, e penso que a utopia moreniana mora ali.

Exatamente no espaço onde hoje acontecem, todos os sábados, os psicodramas públicos, como ficaram conhecidos, foi dirigida em 21 de março de 2001 uma das 153 intervenções que fez parte do projeto de Psicodrama da Ética. O diretor foi Antônio Carlos Cesarino, e o público era constituído de integrantes da polícia militar de São Paulo (PMESP) e da própria prefeita da cidade, Marta Suplicy, que havia aberto esse espaço para o projeto. Cesarino, um dos organizadores do congresso de 1970, ficou conhecido no Brasil por estar entre os pioneiros em trazer e divulgar o método psicodramático, principalmente em intervenções sociais. Sua batuta de mestre experiente, nessa ocasião, e seu histórico anterior renderam-lhe um convite da cidade e da associação de amigos do centro cultural para dirigir psicodramas nesse mesmo espaço. E ele convocou uma pequena equipe para ajudá-lo nesse empreendimento. Logo, o trabalho ganhou repercussão entre psicodramatistas, sobretudo entre aqueles que pediam há muito por um psicodrama feito na rua, que resgatasse as ideias de Moreno sobre sociatria.

Cesarino, como decano respeitável do psicodrama, abriu nesse momento o convite feito a ele e convocou a comunidade psicodramática e a população. O projeto foi efetivado principalmente por Cida Davoli, que, como coordenadora executiva, ampliou e consolidou as possibilidades de atuação das intervenções, com sua obstinada ambição coletiva e visão de grupo.

CONTRIBUIÇÕES E ATUALIZAÇÕES BRASILEIRAS DA TEORIA QUE SUSTENTARAM O TEATRO DE REPRISE

Muitas publicações com revisões de conceitos ou criação de outros têm surgido de brasileiros psicodramatistas. Escolho algumas para fertilizar a sistematização da metodologia do Teatro de Reprise, nosso foco neste trabalho. Portanto, um pouco mais de teoria para fundamentar o caminho rumo ao entendimento do Teatro de Reprise.

Uma das primeiras questões pontuadas ao buscar uma atualização é sobre o termo "psicodrama", o qual necessita no mínimo de uma ideia secundária que lhe confira precisão. São vários os psicodramas: socioeducacional, clínico e artístico. Há também os específicos: psicodrama organizacional ou institucional para o terceiro setor, por exemplo, ou ainda para ensinar algum conceito ou interpretar um fato histórico numa aula regular do ensino fundamental ou médio. Na clínica, estão presentes os psicodramas com casais, famílias e mesmo os de resolução de conflitos e de mediação jurídica, que poderiam ser vistos como clínicos e, no entanto, muitas vezes são realizados por um profissional "não psi"[16]. Ou seja, falar em psicodrama pode se referir a muitos psicodramas. Ainda há o

---

16. "Psi" é um termo fartamente utilizado para designar, em geral, psicólogos e psiquiatras. Também pode se referir a psicomotricista, psicopedagogo etc.

psicodrama usado em decoração de interiores. Segundo Clóvis Garcia (1985, 1986, 1987), qualquer conceito, em qualquer área de estudo, pode ser ensinado por intermédio do psicodrama, sem restrições. Para mim, foi inesquecível sua aula sobre sistema digestório utilizando o psicodrama, como proposta para crianças do ensino fundamental. Trata-se, de fato, de uma metodologia não somente clínica, que busca "cura" e saúde, mas também de ensino, de transformação de grupos e de pesquisa.

Basta, na verdade, que o grupo ou a pessoa com o qual o psicodramatista produz a intervenção sociopsicodramática concorde com o contrato e o tenha claro para si, isto é, que consinta com o foco da intervenção (Rodrigues, 2008a, p. 106). Além disso, é necessário que o psicodramatista se encontre preparado, que conheça suficientemente o assunto. Tudo poderia ser (e normalmente é) chamado de psicodrama.

Se o contrato ou o foco for baseado numa busca que parta de um sintoma indesejável da pessoa ou do grupo, provavelmente o psicodrama será clínico. Porém, se o contrato for para ensinar algo como História do Brasil, será pedagógico. Se for ainda para problematizar o entendimento dos funcionários sobre os valores de uma organização, o contrato será andragógico. E, se o foco for integrar uma comunidade que estivesse mais para um agrupamento do que para um grupo, o contrato poderia ser sociointegrativo comunitário.

Enfim, o psicodrama é abrangente no Brasil. Na Europa, por exemplo, o termo "psicodrama" se refere apenas ao trabalho com foco clínico, exercido por psicólogos ou psiquiatras, enquanto os outros focos são exclusivamente chamados de sociodrama e os profissionais que o conduzem, de sociodramatistas – enfermeiros, assistentes sociais, pedagogos etc.

Gabriela Moita, renomada psicodramatista portuguesa (a quem agradeço muitíssimo a disponibilidade), me contou que o psicodrama em Portugal chegou e se desenvolveu quase que exclusivamente pela mão de médicos. Por essa razão, a metodologia ganhou uma enorme respeitabilidade[17], tendo realizado seu desabrochar fundamentalmente em hospitais e reservando o termo apenas para o clínico. Porém, as intervenções não clínicas, segundo ela, ainda precisam de mais tempo para se desenvolver em plenitude e são chamadas exclusivamente de sociodramas.

Essa postura foi confirmada por Moreno (2008, p. 110), ao usar "psicodrama" como um termo especificamente clínico:

> A catarse no sociodrama difere da catarse no psicodrama. A abordagem psicodramática trabalha, sobretudo, com problemas pessoais e busca uma catarse pessoal, enquanto a abordagem sociodramática lida com problemas sociais e visa uma catarse social.

O termo "psicodrama não clínico", bem fundamentado por Perazzo em publicação recente (2012, p. 77), parece indicar que ainda não foi atribuída uma boa nomeação à metodologia, nem no Brasil nem em Portugal, que pudesse ser correntemente utilizada. Confesso que definir algo pelo uso do termo "não" sempre me parece estranho, além do fato de eleger o modo clínico como referencial. Também penso que a psicoterapia, esse "clínico" ao qual o termo se refere, é apenas um dos vários processos possíveis de aprendizagem. Já dizia Moreno (ibidem, p. 298):

> A aprendizagem educacional é apenas uma fase do amplo processo de aprendizagem, a qual deve incluir a aprendizagem da própria vida, desde a infância até a velhice... deve incluir, também, a aprendizagem cultural e social, que acontece dentro do quadro de referência de instituições culturais e sociais, além da aprendizagem terapêutica, seja no divã, seja no palco do psicodrama.

Da mesma maneira, no Brasil o sucesso do psicodrama se deu pela mão dos médicos. Porém, uma gama expressiva de

---

17. Respeitabilidade aqui se refere ao *status* de autoridade do saber que os médicos em geral têm em qualquer parte do mundo.

psicólogos aderiu rapidamente à metodologia, adensando o caldo do enorme sucesso dos anos 1970 e abrindo as portas da psiquiatria e da psicologia aos novos métodos. No já mencionado congresso de 1970, no Masp, com a bênção direta da arquiteta modernista Lina Bo Bardi e na carona do vanguardismo da companhia americana Living Theatre, muitos artistas plásticos, cênicos etc. se juntaram ao clima do "aqui e agora" do psicodrama (Cepeda e Martin, 2010, p. 104-06). Participaram até mesmo os atores do próprio Living Theatre, que foram logo depois em Minas Gerais presos e habilmente exilados do país pela ditadura militar.

Nessa época, artistas e psicodramatistas, médicos e psicólogos uniram-se em prol de uma revolução no teatro interativo e na política. Porém, lamentavelmente não se mantiveram juntos, uma perda que provavelmente se deva em grande parte à forte política repressiva do período. Cepeda e Martin (ibidem, p. 104) explicam:

> Fundado em Nova York em 1947, o Living Theatre, uma trupe de vanguarda teatral, surge com o objetivo de eliminar as fronteiras entre palco e plateia, entre a vida e arte, entre atores e público, do qual se espera uma participação ativa nas cenas. Assim, o que aproxima o Living Theatre do psicodrama é a concepção do teatro como um fato existencial: o teatro da vida. Como Moreno, os fundadores do Living Theatre propunham por um teatro sem *script*, totalmente tomado pela espontaneidade e criatividade.

Por essa época também chegou ao Brasil a argentina Maria Alícia Romaña, falecida em 2012, que depois residiu no país e trouxe pela primeira vez o psicodrama pedagógico, assim conceituado por ela mesma em 1969, na Argentina (Cepeda e Martin, ibidem, p. 58). Ela veio ao Brasil para ministrar um curso sobre sua recente criação no Grupo de Estudos de Psicodrama de São Paulo (GESPSP)[18], de 1968 a 1970.

---

[18]. Primeiro grupo de formação em psicodrama brasileiro (Cepeda e Martin, ibidem, p. 42).

Clóvis Garcia foi aluno de sua primeira turma e levou para a ECA-USP seus ensinamentos, acrescidos da própria maneira de entender o que chamou de psicodrama – e não sociodrama – por muitos anos.

Mesmo o chamado psicodrama clínico costuma associar sua intervenção à busca de uma "cura", como já havia colocado entre aspas em páginas anteriores. O termo "cura" não é muito do meu agrado, embora seja muito usado no ambiente médico, e acabou passando para o psicodrama. Não gosto dele, pois poderia indicar um processo final e acabado de se livrar da doença, assim como poderia ser (e muitas vezes é), associado a um psicodrama que tenta consertar algo que está ruim, estragado ou doente. Na verdade, creio muito mais num sociopsicodrama que proponha fluxos naturais e saudáveis, e penso no psicodrama clínico e não clínico como a retomada de um fluxo espontâneo e criativo, como um caminho natural.

Chamo a atenção do meio teatral e dos docentes de várias áreas para o fato de que alguns de seus membros ilustres beberam na fonte psicodramática para criar belíssimos trabalhos artísticos ou científicos, que se tornaram representativos na comunidade brasileira. Talvez não tenham usado a ferramenta psicodramática diretamente, mas sim os princípios de aprendizagem aberta da abordagem psicodramática, baseada na coconstrução coletiva.

A inter-relação dinâmica de todos os tipos de aprendizagem traz à tona o conceito de catarse mental que, até agora, vinculou-se a uma única especialidade: a psicoterapia. Aqui a catarse é definida como um processo que acompanha todo tipo de aprendizagem, não apenas a descoberta da resolução de um conflito, mas também a descoberta do *self*, não apenas desabafo e cura, mas também equilíbrio e paz. Não se trata de uma catarse de ab-reação, mas também de uma catarse de integração. (Moreno, 2008, p. 300)

As diferenças culturais e políticas do desenvolvimento do psicodrama no mundo indicam que o termo necessita de complementação para se explicar, pois sozinho aponta para um histórico em que a escolha de Moreno pelo *"psico"* deixou o *"socio"* em segundo plano.

O psicodramatista húngaro radicado no Reino Unido Zoltán Figusch, que passou cerca de dois anos no Brasil com sua esposa brasileira, escreveu um livro sobre o psicodrama brasileiro intitulado *Sambadrama*. Num capítulo posterior do livro *Sociodrama*, Figusch (*apud* Marra e Fleury, 2010, p. 20) nos diz:

> Em consequência de os métodos de ação serem inicialmente introduzidos na prática psicoterápica (psicodrama) e apenas mais tarde passarem a ter um objetivo social mais amplo (sociodrama), no Brasil o termo "psicodrama" tornou-se genérico, sendo frequentemente usado também para descrever trabalhos sociodramáticos. (Mais recentemente, alguns autores começaram a usar o termo "sociopsicodrama").

Dado seu estranhamento, poder-se-ia concluir que nós brasileiros desenvolvemos o conceito de forma distinta, e que na visão europeia os termos são bem separados, designando metodologias bem diferentes: psicodrama e sociodrama.

Já entre as pessoas comuns ou aquelas envolvidas com teatro, o termo "psicodrama" em geral é associado a psicoterapia, exposições, choros, purgações de dores e cura. Didier Anzieu, reconhecido teórico da psicologia no *Vocabulário de psicologia* (2007, p. 624), definiu psicodrama como uma forma de psicoterapia individual ou de grupo. Só bem mais adiante em seu longo texto nos conta que "foi estendido às crianças, aos grupos sociais (sociodramas), ao treino dos papéis requeridos pela vida social e profissional (jogos de papéis)". Ele ainda nos fala que a base da libertação da espontaneidade dos atores e sua eficácia residem na catarse – direta no caso dos atores e indireta no caso do público.

Parece que Moreno passou por essa dificuldade durante o processo de nomeação dos termos de suas descobertas e, até por isso, seus seguidores (ao menos nós, brasileiros) ainda não conseguiram sair desse equívoco. Há um momento em que ele fundiu os conceitos no termo "sociopsicodrama" e o transformou em "sociodrama", por facilidade, sem prever a dificuldade que o termo "psicodrama" pudesse ocasionar – pelo menos no Brasil, ao designar toda a sua obra. Vejamos a frase que capta esse momento, ao falar do público e de sua estrutura:

> A abordagem de grupo no psicodrama refere-se a problemas "privados" por maior que seja o número de indivíduos que possam constituir o público. Mas logo que os indivíduos são tratados como representantes coletivos de papéis da comunidade e das relações de papéis, não levando já em conta os seus papéis privados, o psicodrama converte-se num "sociopsicodrama" ou, mais brevemente, num sociodrama. Este último abriu novos caminhos à análise e tratamento de problemas sociais. (Moreno, 1987, p. 385)

A palavra "sociopsicodrama" parece não ser ainda correntemente usada, mas é abrangente e abarca nos dias de hoje a expansão de práticas e da literatura, mesmo a mundial, sobre o tema. Utilizarei, então, os termos "sociopsicodrama" e "psicodrama", genericamente, como sinônimos para me referir a procedimentos comuns que usam os métodos sociopsicodramáticos, e vou esclarecendo cada uso específico na medida em que for necessário. Até porque o termo "sociopsicodrama" é o mais preciso e adequado ao nosso objeto de estudo, por abranger amplamente o tipo de contrato que é feito no Teatro de Reprise, que apresenta uma confluência entre educação, teatro artístico, psicologia e, é claro, social.

A questão que se coloca, então, é: o que caracteriza uma intervenção sociopsicodramática para que possa ser nomeada, definida e abarcar todas as circunstâncias propostas?

Os elementos fundamentais que definem o sociopsicodrama poderiam ser listados, num primeiro momento, como a ação dramática, a busca da espontaneidade/criatividade (com consequente quebra de **cristalizações vazias**[19]), o jogo de papéis, a busca da verdade comum ao grupo, um grupo aquecido para tanto e mediado por um diretor, atores, plateia, inclusão de todos e improviso.

Para que esses elementos existam e sejam pulsantes, a direção e a eventual equipe procuram criar um campo de forças que produza transformações coletivas e individuais a partir do(s) conflito(s) de particular interesse do grupo presente. Evidentemente, não se trata de um conflito entre os participantes, mas de uma gradativa consciência que vai crescendo dos paradoxos, complexidades e premissas sem sentido, sobre as quais o grupo muitas vezes se assenta (as cristalizações vazias da conserva cultural) e implícita ou coinconscientemente se questiona. Portanto, buscam-se os *insights* dramáticos e a catarse de integração que poderiam representar, no senso comum, o distanciamento crítico coletivo tão buscado pela sociologia, filosofia, educação e artes. Féo (2009, p. 91-92) nos fala sobre a busca de um pensar maiúsculo, quando descreve sua direção socionômica multidimensional no AGRUPPAA[20]:

> Caracteriza-se por um *Pensar*[21] que é coconstruído por indivíduos em interação a partir de sensações que atravessam seus corpos, quando mobilizados por acontecimentos que pretendem juntos melhor compreender e reinventar. O espaço privilegiado do *Pensar* maiúsculo é o contexto dramático onde adquire diferentes formas, desde a maximização de expressões intensivas e imagens corporais simbólicas até cenas, simbólicas e realistas, associadas ou não a construções verbais.

---

19. O que chamo de cristalização vazia se diferencia das conservas culturais que fazem ainda sentido, que poderíamos chamar talvez de conservas culturais revitalizadas. É como diferenciar uma velharia de uma peça de antiguidade.

20. Aparelho grupal.

21. Grifo da autora.

TEATRO DE REPRISE

Trata-se de um fluxo de ações coordenadas pela direção presente e mediadora, baseado em fundamentos socionômicos, artísticos e éticos, que conduz um grupo, reunido por algum tempo em formato de ato único ou de processo, à sua potência sustentada para questionar, construir, desconstruir e se reinventar, traçando seus próprios destinos.

Destaco, dos fundamentos socionômicos, o conceito de tele, a menor unidade de relação possível e recíproca entre duas pessoas. Um grupo é uma rede de relações mútuas/télicas ou não, que se entrelaçam, e é importante notar que a relação télica pode referir-se também à mutualidade de rechaço, e não somente à escolha recíproca.

Knobel (2007, p. 219-20, tradução da autora) nos fala sobre o momento privilegiado da intervenção sociopsicodramática:

> Creio que a função tele aluda à consonância e intersecção emocional de estados subjetivos específicos e singulares que ocorrem entre duas ou mais pessoas. Ao serem iluminados por esse foco relacional, tais estados se organizam e se transformam em representações podendo, desta forma, ser compartilhados. Tal processo produz uma sensação de familiaridade, intimidade e até de fusão momentânea, na qual cada um compreende o outro existencialmente. Neste trânsito não há perda da riqueza única dos acontecimentos singulares, pois esta transformação de experiências emocionais particulares, divididas em estados mentais compartilhados, permanece ancorada na especificidade das experiências às quais se referem.

Em um encontro científico de psicodrama no Brasil[22], a mesma pensadora contou que vem chamando esse campo formado em grupos ou entre duas pessoas num processo, por exemplo, de psicoterapia grupal, de **campo télico**. Como o termo não foi publicado por ela até o momento, solicitei autorização para fazê-lo,

---

22. XVIII Jornada Interna do Departamento de Psicodrama do Instituto Sedes (DPSedes).

pois pode ser a designação que faltava para nomearmos esse campo de força que ela mesma descreve.

Gostaria de relacionar essa noção de campo télico a um contrato feito com o grupo ou uma pessoa única, sob o qual se dará a intervenção que constele um ambiente favorável à saúde mental, com abertura para aprendizagem, liberdade com responsabilidade, ética, respeito, enfim, que favoreça o fluxo descrito anteriormente de trocas e relação entre pessoas, e entre pessoas e coisas também.

Penso que um dos grandes fundamentos das intervenções sociopsicodramáticas seja o contrato, isto é, a configuração do contexto grupal, por meio de um projeto dramático comum e assentado sobre bases de confiança e liberdade.

O contrato define e ilumina o foco de trabalho em que o grupo participante combina o procedimento e autoriza a todos que participem do grupo, com equidade, ou seja, com oportunidades iguais, dentro das diferenças individuais.

Portanto, estabelecer metas e limites comuns e combinados por todos pode ser considerado um acordo compartilhado, ou, conforme a linguagem sociopsicodramática, um acordo coconsciente (CCS).

Esse é um conceito embutido no que chamo de **aquecimento vincular**, realizado no início de qualquer intervenção sociopsicodramática: um alinhamento dos objetivos comuns a um grupo, vigentes por algum tempo, também acordados, e o que mais for relevante para o funcionamento desse vínculo bem combinado e claro. O aquecimento proposto por Moreno, dividido em aquecimento inespecífico e específico por Bermúdez, cria estados aquecidos de espontaneidade e criatividade compreendidos num primeiro momento de vinculação com o grupo ou pessoa. Como diz o ditado: "O combinado não é caro!" Esse é o estabelecimento do contexto grupal, que se encarrega de dar sustentação ao empreendimento de adentrar à metáfora do teatro do improviso, do sociopsicodrama, do

Teatro Espontâneo, do Teatro de Reprise e, por que não, do teatro convencional.

O teatro convencional, por intermédio de seus códigos e convenções, também deve fazer algum tipo de contrato coconsciente (CCS) para criar o ambiente de seu público. Claro que esse contrato não necessariamente é verbal, mas pode ser exemplificado pela explicação de regras – como desligar os aparelhos eletrônicos, feita em alguns teatros – e pela entrega do programa da peça antes do espetáculo, que conta aos mais cuidadosos espectadores um pouco do que vão assistir e as informações técnicas.

Em peças improvisadas, dificilmente o público poderia ficar sem algumas explicações anteriores, podendo-se valer até de ações como escrever em um papel um tema a ser sorteado para os atores realizá-lo. As ações, mesmo que informais, anunciam os contratos CCSs. Algumas peças teatrais têm de dar explicações bastante complexas de como o público deverá se deslocar durante o espetáculo ou compreender a mudança de cenários e atores.

Tudo isso são combinações CCSs estabelecidas entre público e quem faz parte da equipe de representação. Ou seja, o CCS abarca todo e qualquer acordo ou explicação específica, vigente enquanto a peça teatral ou a intervenção sociopsicodramática durar. Isso porque o público, mesmo que silenciosamente, aceita as regras e acordos, ou se levanta e sai.

Entendo que o **aquecimento vincular** do diretor sociopsicodramatista visa exatamente estabelecer as informações e os acordos de maneira clara, forte e integrada com cada um de seus participantes, para que todos se sintam incluídos e sob as mesmas regras. Mais do que isso, algumas dessas regras específicas podem ser criadas pelo grupo presente e vigorar apenas pelo tempo que durar o evento.

Nesse sentido, os profissionais de teatro teriam muito a aprender com o manejo sociopsicodramático de aquecimento vincular com uma plateia e seu estabelecimento, desde sua colaboração até mesmo a prontidão para a interferência nos destinos da peça. O que é produzido dessa maneira é, de fato, coletivamente coconstruído.

Assim como o CCS, outra produção conjunta entre os indivíduos criada por Moreno foi a noção de coinconsciente (CICS). Entretanto, segundo Knobel (2011), esse conceito foi pouco desenvolvido, provavelmente devido ao grande interesse de Moreno pelos fenômenos relacionais interpsíquicos, mais do que pelos intrapsíquicos. A autora (ibidem, p. 140) alude o CICS a uma convivência estável e significativa entre indivíduos que acabam desenvolvendo conteúdos psíquicos e formas compartilhadas de subjetividade.

> Os estados coinconscientes e coconscientes são, por definição, aqueles que os participantes experimentaram e produziram conjuntamente e que, por conseguinte, só podem ser reproduzidos ou representados em conjunto. Um estado coconsciente ou coinconsciente não pode ser propriedade de um único indivíduo. (Moreno, 1987, p. 30)

Quando um grupo se reúne, mesmo um que tenha acabado de se constituir, uma fina teia de relações de escolhas positivas e negativas se forma entre as pessoas. Uma teia que a princípio é incipiente, de isolamento individual ou em subgrupos preexistentes, sob critérios pretéritos (Knobel, 1996, p. 51), e depois se dispersa em subgrupos atualizados. Essa teia, ou rede, vai se adensando até formar uma ligação cada vez mais coesa, dependendo da convivência do grupo ou de coordenadores interessados nessa facilitação.

Portanto, de um agrupamento, o coletivo migra ou não para um grupo, por meio de suas lideranças, paradoxos e afinidades. A partir da existência de um grupo, essa teia subjetiva se forma entre seus membros ao mesmo tempo que este se consolida. Obviamente, essa é uma teia influenciada por fatores diversos, como o ambiente (desde sons, mobilidade de deslocamento no espaço físico), o histórico da formação desse grupo, as característics diferentes ou semelhantes entre as pessoas, os limites de permanência dessa reunião, a existência ou não de um líder espontâneo ou profissional, os determinantes políticos e sociais etc. Outro fator relevante seria a duração do grupo, pois se não tiver prazo de término, como uma família, por exemplo, ou se o grupo se formar apenas por duas horas, a velocidade com que os seus membros vão se interessar por facilitar ou dificultar o processo pode ser bem diferente. Ou seja, a maneira como se dará a cooperação grupal varia de acordo com a duração da interação.

Uma parte do conteúdo compartilhado é consciente, como o objetivo pelo qual o grupo se reúne ou quem ocupa posições hierarquicamente superiores; essa parte se configura como CCS, assim como já vimos. Outra parte é inconsciente e formada por conteúdos implícitos e compartilhados, os quais não são expressos individualmente, nem mesmo notados, como sítios arqueológicos sob nossos pés, ainda não descobertos. Todavia, revelam conteúdos históricos traumáticos, processos complicados não resolvidos ou folclóricos do grupo. É relativamente frequente observarmos e estranharmos numa família expressões desse inconsciente compartilhado, quando não fazemos parte dela. Existem tabus, mitos e até códigos específicos que, para um observador externo, parecem "esquisitos" e sem lógica, porém têm todo um sentido histórico e um padrão, que dizem respeito a pequenos ou grandes folclores familiares.

A cultura de um povo é, num enfoque sociológico, a essência desse movimento de constituição, manutenção, atualização e de uma série de combinados culturais específicos dessa comunidade, insertos numa cultura mais geral – a cultura ocidental, por exemplo.

Cultura, aqui, pode ser entendida como objeto de área científica, com "limites precisos objetivamente demarcados, que mapeiam um conteúdo com características específicas" (Andrade, Soares e Huck, 1999, p. 17). O termo é amplamente discutido pelos autores, que partem da etimologia da palavra "cultura", que, segundo eles, vem de cultivar, cuidar, adornar, preparar, proteger, praticar, cumprir, honrar, venerar, respeitar. No contexto, é como um acervo de conhecimentos da experiência do grupo que poderia, no enfoque sociopsicodramático, ser chamado de um dos aspectos da conserva cultural e caracterizaria a maneira de viver, o corpo de valores e de costumes. Poderia ser o de uma nação, por exemplo.

Para esses autores brasileiros (ibidem, p. 19), a espontaneidade é um traço essencial da cultura, sempre ressaltando que espontâneo quer dizer voluntário, sem coação, sem dirigismo, "não nascida do nada como muitos pensam, por não conhecerem Latim. Nação livre tem, implícita a noção de felicidade". Ainda afirmam que esse conhecimento é adquirido no ambiente não formal, por imitação, condicionamento inconsciente ou por reinterpretação pessoal.

Em Moreno (1987, p. 159), encontramos a correspondência com esses autores ao dizer que a conserva cultural "é uma mistura bem-sucedida de material espontâneo e criador, moldado numa forma permanente... algo que todos possam compartilhar... regressar... e sobre o qual pode ser assente a tradição cultural".

Segundo Moreno, a conserva cultural, portanto, seria uma categoria tranquilizadora. Ela serviria tanto para situações ameaçadoras quanto para a continuidade de uma herança cultural, ou seja, a cultura de uma nação. Esse mesmo acervo de conhecimentos que facilita ou referenda o pertencimento à comunidade poderia favorecer ou impedir seu movimento e desenvolvimento. Uma parte desse acervo seria acessível, visível, ainda que o grupo não se desse conta, por não causar desconforto nenhum; é o coconsciente (CCS), pois seus membros poderiam, em princípio, aceitar ou não as regras. Outra parte seria inconsciente, como um sítio arqueológico que poderia viver "tranquilamente" escondido sob os pés de uma comunidade, apesar de, historicamente, ter influenciado toda a construção do que está visível. Ainda poderia haver uma parte invisível, igualmente ignorada e fortemente impedida de ser alcançada. Esta última poderia até não ser muito profunda, mas estaria tão cheia de nós a ser desatados, de barreiras a ser transpostas, que a comunidade ou seus membros sentir-se-iam desvitalizados para tocar em temas ligados a esse "emaranhado" de riquezas e podridões da comunidade. Nessa parte estariam misturados segredos, fatos excessivamente dolorosos ou que mexeriam em pontos que, no imaginário comum, desestabilizariam o grupo. Em grupos familiares, a pessoa que tenta reaver de alguma maneira esse conteúdo impedido se converte frequentemente em "bode expiatório", naquele que carrega o sintoma grupal enquanto retroalimenta o sistema com seu comportamento "inadequado": o louco e desajustado da família, por exemplo. Ninguém se interessa que ele tenha razão em algo que denuncia com seus sintomas desagradáveis.

É importante ressaltar aqui que estamos tratando de ideias conscientes ou inconscientes coconstruídas que, portanto, exigem, para ser "desatadas", a ação de seus membros fundadores ou, pelo menos, de representantes significativos e ligados ao assunto da específica comunidade.

Benghosi (1999, p. 253), psicanalista francês, chamou de malhagem esse tecido que se forma entre inconscientes de muita convivência ou de ligação por ancestralidade. São, segundo ele, alianças de lealdade que podem permanecer às vezes por várias gerações, expressas por sintomas que entrecruzam até mesmo linhagens de famílias de origens diferentes, de cada participante do grupo, como um casal, por exemplo.

Não vamos tomar o caminho clínico que se esboça a partir dessas ideias, para que o trabalho não perca o foco mais socioeducacional no qual pretendo fundamentar as reflexões sobre a metodologia do Teatro de Reprise. Mas aqui seria exatamente o ponto em que a psicanálise moderna tem se encontrado com o sociopsicodrama em suas reflexões sobre redes de escolhas mútuas e padrões repetitivos familiares de acordos coinconscientes (CICSs).

Verdadeiras lealdades transmitem-se entre gerações, como o trauma social do histórico holocausto da perseguição nazista aos judeus (1933-1945), que só consegue ser discutido pelas famílias que viveram diretamente a situação algumas gerações depois, ou com ajuda psicoterápica.

Essa maneira de ler os fenômenos usando conceitos psicanalíticos tem sido desenvolvida porque há um enorme interesse dos grupanalistas[23] de todo o mundo no CICS e no que vêm chamando de inconsciente social. O International Congress on Group Psychotherapy and Group Processes (IAGP) reúne estudiosos de grupos do mundo todo que se interessam pelo conhecimento sociopsicodramático brasileiro e o buscam para estudar esse inconsciente compartilhado, o CICS, como Moreno o definiu, ligado a estados coinconscientes e partilhados por pessoas com muita convivência.

A partir disso, Knobel (2009, p. 4) nos diz que os CCSs e os CICSs "morenianos ultrapassam os limites do espaço psíquico individual, pertencendo simultaneamente às várias pessoas que, ao desfrutarem de intimidade relacional concreta, os criam". Afirma, também, que eles se constituem de padrões e modelos articulados harmonicamente, assim como da "impossibilidade dos participantes do vínculo de lidarem com os conteúdos e processos por serem insuportáveis", ameaçando o próprio eu. A expressão desses conteúdos, por ser interditada pelos participantes de forma relativamente estável, acaba empobrecendo os recursos individuais e grupais, para que não avance para temas perigosos.

O grupo todo aceitaria inconscientemente esse pacto e desenvolveria vários mecanismos para mantê-lo. Tal qual nas

---

23. Estudiosos de grupo sob abordagem psicanalítica.

dificuldades individuais, um grupo primário natural – por exemplo, uma família – produz repetições, paralisias, comportamentos estagnados, em lugar de criações de maneira conjunta e combinada. Assim, a fluência da comunicação ficaria dificultada ou até mesmo impedida.

Segundo Knobel, o sociopsicodrama oferece um campo relaxado para trabalhar esse tipo de impedimento tramado inconscientemente pelo grupo, por meio da "continência e proteção aos participantes" que proporciona cenicamente e do espaço vazio do palco. O "espaço cênico oferecido ao imaginário" pode libertar ações, segredos, vergonhas grupais para a luz do contexto dramático e para além do *setting* terapêutico. A partir daí, no contexto grupal, fica permitido tocar no assunto e, assim, os recursos para o contexto social se ampliam. Tenho testemunhado isso ao longo de minha vida profissional como sociopsicodramatista, principalmente em trabalhos com famílias, casais e grupos de longa duração em empresas.

A autora ainda nos fala sobre tocar nessas feridas do CICS que despertam tanto desconforto e podem derivar para ataques ao coordenador do grupo ou para uma eleição de um bode expiatório, tal o nível de tensão despertado.

Porém, tanto Moreno quanto Knobel se referem a um CICS que se forma e se estabelece baseado em uma convivência estável e significativa, apontando para uma intimidade adquirida da coabitação, da transmissão transgeracional ou de encontros constantes, como no caso de estudiosos frequentadores de repetidos congressos, por exemplo. Essa constância do vínculo repetidamente atualizado geraria expectativas recíprocas dos papéis que esbarrariam num possível tema oculto e levariam a tensões, ansiedades eventualmente insuportáveis para o grupo, produzindo um efeito de manutenção do tema na condição de "escondido".

A metodologia sociopsicodramática pode oferecer um lócus para tornar sustentado e sustentável o acesso a esses conteúdos dolorosos evitados. O contexto dramático, por ser relativamente isento, "pelo baixo nível de interferência" (Knobel, 2011, p. 145) e pelo vazio a ser preenchido pela produção imaginária, favorece a corresponsabilização dos participantes sobre o tema. Assim, nesse campo relaxado, o vínculo de segurança com o condutor e o aquecimento podem dar conta de iluminar os temas difíceis para o grupo, juntamente com o surgimento de novos ângulos inexplorados pela paralisia grupal. O contexto dramático, na verdade, é o lugar da realidade suplementar, do jogo e do lúdico, do rito, da fronteira entre o imaginário e o real.

Defendo a ideia de que o CICS seja um caldo de densidade variada que participa de toda e qualquer atividade em grupo, ou mesmo em agrupamentos que não chegaram a constituir um grupo. Ou seja, sempre há, em algum grau, uma questão cultural, mais ou menos específica, atravessando as pessoas que se encontram presencial ou virtualmente. Penso que muitas ações são presumidas por membros da mesma cultura, ainda que nem percebam isto. Por falarem o mesmo idioma, viverem na mesma cidade ou serem identificados como pertencentes a certa classe social, os indivíduos partilham com desconhecidos códigos que implicam uma comunicação particular. Essa singularidade pode excluir quem não faz parte desse subgrupo e produzir um entretecimento rápido entre desconhecidos ou pouco conhecidos, conforme a situação. Essa é a base da lei da sociodinâmica, segundo a qual indivíduos isolados tendem a permanecer pouco considerados, assim como os privilegiados em certo contexto tendem a estabilizar seu *status*, a não ser que alguma interferência seja feita para quebrar esse moto contínuo.

Uma situação em que jovens conversam sobre coisas ligadas à atual tecnologia da internet, fisicamente próximos a idosos que não possuem essa linguagem, pode ser um bom exemplo de pertencimento/exclusão social momentânea. As conexões desse tipo podem ser construtivas ou destrutivas. Se jovens como esses fossem reunidos num evento público, eles rapidamente poderiam se conectar, compartilhar ideias sobre o assunto para, no limite, pensar em maneiras de colaborar com os idosos por meio da internet – **pertencimento criativo**.

Segundo Moreno (1974, p. 73), grupos ligados intimamente têm uma forma comum de entendimento, mesmo em silêncio. É como se desenvolvessem uma longa e delicada cadeia de estados relativamente inconscientes. Embora Moreno, nesse caso, se referisse a relações longas, como marido e mulher, penso que segmentos culturais têm também um passado em comum, como uma geração. Há sim uma intimidade imediata entre homens brasileiros falando sobre futebol, por exemplo. Aliás, o jogo tem o dom de criar muito rapidamente uma aliança e, portanto, um passado de relativa intimidade, ainda que recente.

Moreno considerava que, quando indivíduos estão em estado espontâneo, as dicotomias consciente (CS) e inconsciente (ICS) não fazem nenhum sentido, pois estariam fundidas em apenas um curso da experiência. Portanto, o jogo, a dramatização, a ação dramática, o estado de transe do "ato criador" compartilhado criam ou adensam uma cadeia já existente entre pessoas, mesmo em alianças recentes. Os cultos poderiam ser exemplos disto. Voltaremos a esse aspecto no capítulo posterior.

Muitas vezes já vi pessoas em cena inverterem os papéis, pela já descrita técnica dramática soberana do sociopsicodrama, e dizerem coisas sobre o outro, presente ou ausente, que não tinham noção de que sabiam. Mediante o confronto com o depoimento do outro, confirma-se o que as pessoas costumam chamar no senso comum de acerto, como irmãos gêmeos que sabem pensamentos a distância um do outro, ou casais apaixonados. O "acerto" é a sensação geral do grupo de que a pessoa captou o que era essencial do olhar do outro. Veremos que no Teatro de Reprise isso aparece com incrível frequência.

Poderíamos também falar em **intuição** como um elemento constituinte desse fenômeno, que é o "processo pelo qual um novo conhecimento ou uma crença surge no mundo dos conhecimentos do sujeito, sem que ele possa apresentar provas lógicas em apoio dessa ideia" (Doron e Parot, 2007, p. 446). Também a **empatia** é um elemento que subjaz a esse processo, podendo ser definida como a:

> intuição do que se passa no outro, sem, contudo, esquecer-se de si mesmo, pois, nesse caso, tratar-se-ia de identificação. Para C. Rogers, a empatia consiste em captar, com a maior exatidão quanto possível, as referências internas e os componentes emocionais de outra pessoa, e a compreendê-los como se fosse esta outra pessoa. (Ibidem, p. 276)

A outra função importante nesse processo é a **memória** como "capacidade de adquirir, conservar e restituir informações" (ibidem, p. 491), consciente e inconscientemente, desde a subjetividade dos processos envolvidos, funções cerebrais e memória muscular: memória sensorial, de curto prazo (MCP) ou de longo prazo (MLP). Isso se aplica até mesmo à memória implícita e explícita, se considerarmos o modo como tem sido estudada em sua atualidade.

As vivências significativas, que não são necessariamente longas, podem sensibilizar e mobilizar um caldo de passado comum, passível de favorecer sob certas circunstâncias, com muita rapidez, pactos CSs e ICSs entre grupos de pessoas que dinamicamente estão em processo de constituir o grupo[24].

Também defendo que intervenções como as sociopsicodramáticas favoreçam, por meio da catarse grupal, o adensamento desses CCSs e CICSs e o fluxo criativo que torna essa divisão desnecessária, pois o único estado presente é o estado espontâneo. O campo télico, formado nessas bases, transforma recursos grupais e individuais que geram potência para lidar com as dificuldades, sejam "escondidas" ou não.

Dessa maneira, em uma vivência significativa de um grupo, questões difíceis ou até perguntas que nunca foram feitas por

---

24. No sentido dado por Davoli (1995).

absoluta alienação, proibição ou falta de autorização subjetiva para pensar no assunto podem ser expressas e, mesmo que não respondidas, constelam um novo vazio de busca e devir.

Nesse campo télico, criado a partir de um grupo aquecido, com contrato claro, poder-se-ia chegar a transformações como as de um forno alquímico, que converte chumbo em ouro[25]. Essas transformações são provocadas pelos procedimentos da metodologia, por meio da interferência da direção do grupo: ela faz o vínculo, gerando segurança e acolhimento, cria o campo télico e estabelece o que Féo (2009, p. 90) chamou de **pensar grupal**, um "saber que se constitui, momento a momento, nas relações que se estabelecem no palco psicodramático e suas ressonâncias com a plateia". Essa mesma autora ainda disse que, já que conhecer não se trata de um ato neutro e desinteressado, o objetivo é multiplicar sentidos e não encontrar a essência dos fatos. Dessa maneira, propôs vários procedimentos para esse pensar grupal, que é também considerado por ela maiúsculo. Nesse contexto, ficaria possibilitado o que Féo (ibidem, p. 94) nomeou como **campo intensivo focado**, o mesmo que campo télico, o qual, em dado momento, tem um foco de ação intensificado por um ou mais **instantes protagônicos**: "Entendo por instantes protagônicos aqueles momentos de uma sessão em que todos os integrantes do grupo estão de fato envolvidos com a cena dramatizada".

Pode-se, dessa maneira, chegar a catarses parciais, ou *insights* dramáticos, e até mesmo à catarse de integração, pelo favorecimento desse campo de forças, no caso de saúde emocional e mental. A alegria à qual Moreno se referia era esse estado de aquecimento voltado para a espontaneidade e a criatividade: o riso sustentável. Esse riso age de maneira a converter ressentimentos em ações construtivas que, embora não mudem o passado, promovem o acesso a ele, transformando o presente.

---

25. Comparação inspirada em Freitas (1987, p. 75), que relaciona o processo de psicoterapia a um rito de iniciação, que se daria num *setting* especial, tal qual um forno alquímico.

Segundo Reñones (1996, p. 41), a palavra *katharsis*, do grego, foi usada com sentido estritamente religioso em rituais de iniciação dos Mistérios de Eleusis e significava "o processo de transformação que o iniciado passava para poder ver de frente a sabedoria professada". Reñones ainda afirmou que o substantivo *katharos* significa sem mistura, livre de injustiça, puro. Contudo, o termo foi associado por Hipócrates à medicina, como sinônimo de limpeza e ligado ao processo diarreico.

Reñones defende que tanto Aristóteles quanto Freud utilizaram-se do termo "catarse" nessa perspectiva médica. Portanto, Aristóteles provavelmente deve ter focado sua preleção no "purgar" catártico da piedade e do temor. Um limpar de toda toxina e todo mal psicológico que os humanos sentem ou fazem, transgredindo normas sociais e pessoais, como um Édipo que arranca os olhos para "limpar" ou expiar sua culpa por ter matado o pai e cometido incesto com a mãe. Dessa maneira, o desejo purgado promoveria o alívio das cargas e culpas do público.

No sociopsicodrama clássico, o público se transformaria em ator e ocuparia o espaço do purgar. Desse modo, poderia ir além da expiação do mal, criando novas maneiras de agir e soluções inusitadas para sua fantasia. Reñones ligou essa catarse aos ritos religiosos e à presença de um desequilíbrio muito mais amplo do que seu sintoma, propondo que como diretores de psicodrama sejamos mais do que curadores, mas assumamos a posição de transformadores.

2 Ação dramática: Teatro de Reprise

PERSPECTIVA EM RELAÇÃO AO PLAYBACK THEATRE

O Playback Theatre (PBT), metodologia inspiradora do Teatro de Reprise (TR), foi criado em New London, Estados Unidos, em 1975, por Jonathan Fox, um professor de inglês e amante do teatro que tinha principiado e interrompido sua formação em Sociopsicodrama no Instituto Moreno, completando-a depois do nascimento do que mais tarde seria batizado como Playback Theatre. Fez uma parceria curiosa com Zerka Moreno, viúva de Moreno, na qual ela patrocinaria, nos primeiros tempos do grupo, o aluguel do local em que ele e a esposa desenvolveriam suas pesquisas, ainda sem nome.

> No curso do desenvolvimento do teatro *playback*, estudei psicodrama para aprender os processos de grupo necessários para conduzir eventos sociais interativos, reconhecendo como a arte e a interação social tiveram que ser habilmente combinadas de forma a fazer o trabalho com *playback*. (Fox *apud* Siewert, 2009, p. 74)

Um grupo, em sua maioria de psicodramatistas, juntou-se a Fox e à sua esposa, Jo Salas, nesse espaço, para fazer apresentações mensais e ensaios, com cenas do próprio elenco.

O PBT foi definido por Siewert (ibidem, p. 8) como "uma forma teatral em que os atores improvisam histórias reais contadas por pessoas da plateia, tendo a figura do condutor como elo entre os artistas e o público". Ele é realizado por um grande número de grupos em cerca de 30 países pelo mundo todo, ligados por uma Rede Internacional (International Playback Theatre Network – IPTN). No Brasil, existem grupos que se inspiraram no método para criar metodologias diferentes, como o Teatro de Reprise (TR) ou o Teatro da Criação (Reñones, 2000), além de grupos que seguem o PBT de maneira muito semelhante à original.

A perspectiva do PBT original seria, segundo Salas (2000), proporcionar às pessoas a oportunidade de contar histórias, como uma "necessidade humana", o que traria um benefício curativo a elas. O PBT se apoia também na ideia da reparação individual, que viria a contagiar o grupo mobilizando o que chama de "história maior". Embora a autora afirme que o poder curativo dessa experiência estética não seja completamente explorado, o PBT acredita que o narrador de um evento poderia sofrer um efeito reparatório só por estar em um ambiente "benigno" (ibidem, p. 124), contar histórias e vê-las traduzidas por meio de uma sensibilidade intuitiva, expressa pelo "senso estético da história em si". Salas afirmava que, por não ser uma modalidade psicoterapêutica, embora possa ser usado com essa finalidade, o PBT não precisaria de um psicoterapeuta que o conduzisse.

As premissas de Salas de que seria possível consertar uma experiência dolorosa, como se ela estivesse "quebrada" ou errada, ou de que buscar e promover saúde seria equivalente a curar, consertar, reparar são diferentes do meu referencial sociopsicodramático. Para pensar no TR, apoio-me em conceitos já explanados no capítulo anterior, segundo os quais o homem moreniano seria criador e poderia ter sua espontaneidade bloqueada, não como algo que ficasse quebrado, errado ou precisasse de conserto, mas sim de algo que necessitasse de um desbloqueio para voltar a fluir.

O ambiente benigno ao qual Salas se refere, e nesse ponto concordamos, seria o conceito de Knobel de campo télico, que procura o máximo de relações saudáveis e acolhedoras entre os membros do grupo. Entretanto, numa intervenção sociopsicodramática como o Teatro de Reprise, a experiência ainda pressupõe um trabalho inicial e vincular do diretor do grupo, que crie ou adense sua continência, seu diálogo interno e suas trocas coconscientes e coinconscientes como um fluxo, o mais livre possível. O referencial sociopsicodramático se apoia também na ideia de inclusão total das diferenças dentro de um grupo e na utopia moreniana da sociatria como tratamento da humanidade. Talvez nesse sentido poderíamos dizer que haveria um objetivo sociopsicoterápico.

Outra premissa do TR, por ser uma modalidade de sociopsicodrama, é que o narrador seja um emergente grupal que fale do lugar de sua cena recordada (não de uma história, como no PBT) já como uma ressonância representativa das cenas entretecidas entre os membros daquele grupo. Portanto, ele propicia ao individual surgir do coletivo, por meio de um trabalho intencional do diretor, desde o início da intervenção. Trata-se de manejos técnicos, experiência e sensibilidade da direção para promover o aquecimento de estados espontâneos e propiciar que um agrupamento se transforme em um grupo, ou facilitar o adensamento de relações saudáveis já existentes no grupo. A direção, juntamente com a equipe, precisa e deve manter, durante toda a intervenção, esse aquecimento e consequente campo télico cocriado. Essa é uma das razões que justificam o requisito de uma sólida formação em sociopsicodrama para o diretor de Teatro de Reprise.

Nesse estado cocriado, o individual pode se manifestar, pois nesse campo de forças quaisquer contribuições devem ser acolhidas como vozes consonantes ou dissonantes do grupo. Então, não faria sentido, numa modalidade de sociopsicodrama como o TR, a correção de cenas, como é feita pelo PBT, pois o que é visto como um erro faz parte do processo grupal. Portanto, no TR a equipe "não erra", pois os "erros" fazem parte do grupo, com função diferente da plateia. A cena do narrador, resultante da ressonância estética, é representativa da própria equipe como elemento do grupo.

Fox reconhece a influência do sociopsicodrama em sua criação e no atual desenvolvimento do PBT, mas, segundo Siewert (2009, p. 60), trata-se de práticas distintas. Essa autora acredita que, talvez, a grande influência que o sociopsicodrama teria tido em relação ao PBT se deva ao fato de que o primeiro grupo do Playback Theatre foi constituído principalmente por pessoas que estudavam com Fox no Instituto Moreno. Fox, segundo essa autora que o entrevistou, afirma que baseou o PBT no conceito de espontaneidade do sociopsicodrama, mas também teve outras influências.

Finalmente, o contrato com o grupo, o preparo do diretor psicodramatista e de sua equipe para servir de ressonância cuidadosa, respeitosa, inclusiva e, principalmente, o olhar grupal caracterizariam uma intervenção sociopsicodramática, e aí sim configurariam suas fronteiras físicas e metafóricas. Nesse sentido, o TR, por ter essa visão e preparo de sua equipe, se configura de modo diferente do PBT, ainda que partilhe de tantas semelhanças.

Numa tentativa de facilitar a visualização de aspectos que serão desenvolvidos sobre o TR durante o capítulo, segue um quadro das diferenças de procedimentos que considerei mais relevantes entre o PBT original e o TR. Ele adianta algumas informações que serão explicitadas adiante sobre o TR e contém outras específicas do PBT que não serão abordadas aqui. Os detalhes são muitos, mas as diferenças principais se concentram no aquecimento inicial do grupo, bem mais longo no TR; na combinação das cenas pelo diretor no PBT e pelos ego-atores no TR; e no compartilhamento e síntese da direção.

Quadro de semelhanças e especificidades dos procedimentos do PBT original[26] e do TR.

Somente Playback Theatre	Ambos	Somente Teatro de Reprise
Equipe composta de condutor, atores e músicos.	Há um elemento da equipe responsável pela mediação entre plateia e equipe e pelas decisões estruturais pré e pós--evento. Em algumas ocasiões, os membros da plateia podem integrar a equipe ou até constituí--la por completo, à exceção do mediador.	Equipe composta de diretor, ego-atores e ego-músicos.
Músicos profissionais ou amadores, preparados para improvisação.	Equipe preparada em improvisação e em linguagem teatral.	Equipe preparada em sociopsicodrama (visão e técnicas) e músicos com perfil de repertório e de improvisação.
	1º MOMENTO Ritual de recepção da plateia, procurando inspirar confiança, respeito e acesso fácil.	
Atores se apresentam falando sobre como estão se sentindo ou sobre o que viveram no dia, e isso é encenado.	2º MOMENTO Apresentação da equipe.	O diretor apresenta cada membro da equipe pelo nome. Eventualmente, são ditas as formações de cada um para evidenciar que não são necessariamente atores profissionais.
Condutor convida a plateia a se apresentar a quem está sentado ao seu lado.	3º MOMENTO Mediador faz breve apresentação do trabalho que vai acontecer.	Diretor faz aquecimento vincular com técnicas (conhecendo a plateia e combinados), como "mapeamento", "desatando

CONTINUA ▶

---

26. Não sou especialista em PBT original, portanto o quadro foi construído pelo que pude entender com as referências já citadas.

CONTINUAÇÃO ▶

Somente Playback Theatre	Ambos	Somente Teatro de Reprise
Condutor convida a plateia a se apresentar a quem está sentado ao seu lado.	**3º MOMENTO** **Mediador faz breve apresentação do trabalho que vai acontecer.**	e atando nós", "roda indígena", "camarim vivo" ou outros jogos dramáticos que envolvam ou não a ida da plateia ao palco. O objetivo é criar ou adensar a formação de um grupo (CCS e CICS). Procedimento mais longo que no PBT.
Podem ser usadas formas curtas, não narrativas, como "pares"; curtas narrativas, como "haicai dinâmico", "coro", "histórias em quadros"; ou longas narrativas, como "fantoches de *playback*" etc. (Salas, 2000, p. 50-53[27]; Vau, 2009, p. 34-37)	**4º MOMENTO** **Entre os recursos de aquecimento da linguagem cênica, a utilização da técnica de "esculturas fluidas" (facilitação do diálogo com a plateia).**	*Performances;* "Sequências fluidas."
Plateia é convidada a contar histórias. Quando há vários candidatos, o diretor escolhe.	**5º MOMENTO** **O primeiro candidato é aceito.**	Plateia é aquecida de olhos fechados para recordar-se de cenas de suas vidas ou de sonhos oníricos, com indução ou não de temas ("fantasia dirigida"). Depois, é convidada a contá-las. Quando há vários candidatos, a plateia elege temas, resumos ou títulos, a cada cena.
Narrador fica sentado com o diretor num dos lados do palco, tanto para contar a história quanto para assistir a ela.	**6º MOMENTO** **Mediador:** • **Pergunta o nome do narrador.** • **Entrevista.** • **Deferência especial com o narrador.**	Narrador fica em pé, à frente da plateia, para contar a cena. Depois se senta, ao lado do diretor, na plateia, para assistir a ela, num lugar previamente destacado.

CONTINUA ▶

---

27. As técnicas específicas do PBT não serão explanadas neste livro. As do TR estão definidas mais adiante no capítulo.

TEATRO DE REPRISE

CONTINUAÇÃO ▶

Somente Playback Theatre	Ambos	Somente Teatro de Reprise
Narrador pode subir ao palco sem história e criá-la nesse momento. Condutor sugere que o narrador escolha os atores que farão cada personagem.	Respeito, delicadeza e ajuda ao narrador na entrevista e na preparação das cenas. Equipe assiste ao narrador.	Narrador tem o enredo pronto, por ser uma recordação de cena vivida ou de sonho onírico.
Diretor dá os indicativos de tempo e lugar e pede que, assim que atores estiverem prontos, comecem a cena. "Vamos ver!"	7º MOMENTO Preparação das cenas relatadas espontaneamente pela plateia.	Diretor não resolve cena e anuncia a entrada dos ego-músicos, que tocam e cantam canções, inspiradas na narrativa, enquanto os ego-atores combinam a cena.
Imediatamente depois da narrativa e da entrevista, a cena é feita, com a concepção do diretor.	Busca de leitura estética das cenas relatadas, a partir da sensibilidade artística da equipe, e transformadas em pequenos espetáculos, carregados de significado e jogo cênico entre plateia e narrador.	Depois da narrativa e da entrevista, o diretor não concebe a cena. Ego-atores agilmente combinam e distribuem personagens para os quais estejam mais aquecidos.
Músicos produzem trilha sonora enquanto atores escolhem figurino, cenário e se preparam em silêncio.	Código teatral para a música parar, anunciando o início da cena, quando os (ego) atores estão prontos.	Ego-músicos produzem ressonância estética por meio de canções, enquanto ego--atores combinam a cena.
Entre as cenas, uso de "pares", "haicai dinâmico", "fantoches de *playback*", "coro", "histórias em quadros" etc.	8º MOMENTO Encenação improvisada de uma leitura significativa da narrativa, buscando potência estética.	Início do Ciclo Intercênico, agora sem uso de jogos (ver etapas do TR). "Espelho ressonante."
Músicos muitas vezes assumem a função de direção modeladora da cena.	Músicos produzem sons incidentais durante a cena.	Algumas vezes os músicos viram atores.
Reconhecimento: atores se voltam para o narrador no palco por um instante, oferecendo a cena depois de realizada.		

CONTINUA ▶

CONTINUAÇÃO ▶

Somente Playback Theatre	Ambos	Somente Teatro de Reprise
Devolução ao narrador. Diretor pergunta se narrador está satisfeito com sua cena e, eventualmente, se este quiser, a cena poderá ser refeita pelos atores, a pedido do diretor. Crença em experiências reparatórias.	**9º MOMENTO** **Breve comentário do narrador. Não há nenhuma análise ou interpretação da direção, nem julgamento ou comentários da plateia sobre a cena ou a narrativa. Ninguém é explorado, ridicularizado ou diminuído, tampouco aconselhado na cena ou fora dela.**	Após pedir ao narrador um breve comentário e palmas à plateia, o diretor reinicia o "ciclo intercênico", chamando a próxima cena. Crença no fluxo CICS e, portanto, não há correção das cenas.
Plateia pode ser convidada a dizer temas que foram abordados durante o evento ("haicai dinâmico").	**10º MOMENTO** **Encerramento.**	Síntese da direção. Compartilhamento de cenas e de sentimentos vividos. Diretor evita conselhos da plateia para os narradores, instigando-a a dar seus depoimentos e suas "caronas" emocionais.

OUTRAS DIFERENÇAS		
Somente Playback Theatre	**Ambos**	**Somente Teatro de Reprise**
Diretor preparado nos princípios do PBT.	**Diretor com função de ajudar narrador a ser ouvido, regular os rituais, mediar as situações difíceis e usar uma linguagem acessível e acolhedora.**	Diretor deve ser preparado em leitura da sociodinâmica grupal e saber identificar os temas protagônicos.
Atores devem ter cuidado com a linha abstrata da representação para não se perder na ação simbólica, já que o companheiro de cena pode não acompanhá-la nesse raciocínio.	**Estética das cenas.**	Os ego-atores podem fazer cenas simbólicas, pois a combinação prévia dá sustentação a todos em cena.

CONTINUA ▶

CONTINUAÇÃO ▶

OUTRAS DIFERENÇAS

Somente Playback Theatre	Ambos	Somente Teatro de Reprise
Contar histórias. Buscar a cura do narrador ou pelo menos uma significação para sua vida.	Objetivo.	Dar voz ao grupo, por intermédio dos narradores.
Preparação da equipe; treinamento dos atores e músicos.	Exigência de preparação da equipe.	Trabalho de consciência pessoal, como psicoterapia, consciência corporal etc., e visão de sociatria e de trabalho de ator.
Caixotes onde os atores se sentam para ser escolhidos. Servem para guardar o material, assim como para uso cênico. Mancebo.	Material cênico composto fundamentalmente de panos e instrumentos musicais, além de outros adereços simples.	Arara com tecidos e figurinos que enfeita o palco e serve para algumas cenas de janelas ou outras possibilidades.
	Uniforme neutro.	Com distinção para o diretor.

HISTÓRICO DO TEATRO DE REPRISE

O nascimento do nome Teatro de Reprise (TR) surgiu em uma reunião do extinto Grupo Reprise, do qual eu era integrante, em 1993. Para chegar a esse batismo, volto ao nascimento da equipe, uns quatro anos antes, pois, assim como a história de Moreno, que se entrelaça indissoluvelmente com sua teoria, aqui também se faz necessário tecer as malhas da leitura brasileira do Playback Theatre (PBT).

Sou casada com um mimo[28], convidado por mim a dirigir um espetáculo amador no meio psicodramático, que se dispôs a

---

28. No Brasil, é mais conhecido o termo "mímico". Opto por mimo por ser a nomenclatura mais técnica. Trata-se do prof. dr. Eduardo Coutinho, importante mimo brasileiro, docente da ECA-USP.

ROSANE RODRIGUES

ministrar aulas a todos, em sistemas de *workshops* em jornadas mensais, até que a peça pudesse ser apresentada. A partir dessa experiência, um grupo de pessoas que trabalhavam com sociopsicodrama e sentiam falta de conhecimento e exercício do fazer teatral e da linguagem cênica interessou-se em ter orientação na área de maneira sistemática. Alguns desses profissionais já possuíam grande quilometragem como psicoterapeutas, professores, pesquisadores e até como atores amadores.

Na verdade, nesse tempo, era apenas uma rede de conhecidos e amigos que procuravam aprimorar-se e também se divertir, pois o teatro exercia neles um grande fascínio e convidava ao desenvolvimento pessoal. Eu, embora tivesse mais conhecimento teatral do que eles, por conta do mestrado em Artes e de alguns trabalhos que fiz como atriz, também aproveitei as aulas e os espetáculos decorrentes.

A composição desse grupo de amadores foi variando ao longo de quatro anos e, ao final de cada ano, uma montagem era produzida e apresentada de maneira igualmente amadora, duas ou três vezes, a um público de outros profissionais, amigos e familiares. Assim, o grupo exibiu, sob a direção do então professor Eduardo Coutinho, quatro peças: "O pedestre"[29], de Ray Bradbury; "Suburbano coração", de Naum Alves de Souza; "A mente capta", de Mauro Rasi; e "Il Cava-Dentes", do grupo Le Maschere, baseada em roteiro de Flaminio Scala[30]. Alguns dos membros desse grupo se mantiveram constantes ao longo dos anos e cada vez mais entrosados entre si.

Chegou então ao Brasil, em 1993, quando o grupo ensaiava o último espetáculo mencionado, uma novidade disseminada pela rede de psicodramatistas brasileiros, o PBT. Muitos comentavam sobre um *workshop* ministrado pela sueca Christina Hagelthorn, sobre as inovações apresentadas e sobre como o método propunha

---

29. Peça apresentada no DPSedes por ocasião de uma Jornada de Psicodrama.
30. As três últimas peças foram apresentadas no Daimon, um espaço de eventos sociopsicodramáticos, e na Escola Ânima de Educação Infantil.

uma ação dramática a partir de relatos de pessoas da plateia, sem que elas entrassem diretamente em cena. O interesse e a demanda do público psicodramático brasileiro já demonstravam a afinidade entre as metodologias. Siewert confirmou que o PBT foi disseminado pelo mundo principalmente pelos psicodramatistas.

Eu ouvi falar do método PBT pela primeira vez na casa de uma colega e conhecida psicodramatista, Cida Davoli. Confesso que, naquele momento, o entusiasmo de alguns colegas me pareceu exagerado. Lembro-me de comentar que nas aulas da pós-graduação, com o prof. dr. Clóvis Garcia, na ECA-USP, já fazíamos uma opção de o emergente grupal escolher se queria entrar em cena ou somente assistir à dramatização no papel de autor. Parece-me, refletindo hoje, que o foco "socioeducacional" do sociopsicodrama, que era então chamado de "pedagógico", já teria descoberto de maneira concomitante ou não os rudimentos do que viriam a ser o PBT e depois o TR brasileiro, devido ao toque de alguém de teatro como Garcia.

Pouco tempo depois, a Companhia de Teatro Espontâneo, de Moysés Aguiar, que primava nesse tempo pela ousadia em sua formação em Psicodrama, promoveu a experiência para seus alunos e amigos de uma sessão de PBT, realizada em Tietê, interior de São Paulo (Aguiar, 2009, p. 377).

Um dos membros do nosso grupo de amadores participou dessa experiência em Tietê. Entusiasmado com o que achou que fosse o PBT, ele convidou outros membros dentre os colegas da trupe do prof. Coutinho para apresentar o tal PBT na Jornada Interna de Sociopsicodrama de uma instituição. A equipe assim formada era integrada pelo próprio professor Eduardo Coutinho e pelos colegas de curso: Antonio Ferrara, Arnaldo Liberman, Cláudio Pawel, Maria Helena Farina, Valéria Barcellos e eu; e na música o filho de Aguiar, Alexandre Aguiar[31], um jovem engenheiro ambiental que tocava violão.

---

31. Hoje integrante do Grupo Improvise e o primeiro a contar a história desse grupo no livro organizado pelo seu pai (Aguiar, 2009).

Em reunião posterior entre essas pessoas, em clima de muita diversão, tentamos reproduzir algo como um "telefone sem fio" do que alguém havia assistido com base no que outro assistira e entendera da experiência. Sabíamos sobre sociopsicodrama e teatro, mas fizemos várias deduções corretas e diversas que não condiziam com a forma original do PBT.

Essa primeira apresentação aconteceu no final de 1993, a uma plateia de três pessoas, com uma trupe de oito integrantes, entre diretor, músico e atores. O resultado animou o grupo, pois uma graciosa e encantadora sintonia, além da fluência, parecia reinar em todo o trabalho. Tal alegria provinha da própria combinação entre aquelas pessoas, ou seja, da sociometria de seus membros, consonante com "uma nova forma de expressar ação e emoção" (Salas, 2000).

Os atores combinavam as cenas a ser realizadas posteriormente, e, enquanto o músico cantava canções pertinentes ao tema da cena narrada, procedíamos às três etapas de uma sessão sociopsicodramática, como na metodologia original de Moreno. Não tínhamos conhecimento de que na técnica original o esboço das cenas era também combinado, só que abertamente, entre o diretor e o elenco. Também o músico não cantava propriamente, mas fazia sons incidentais apenas. Isso só para mencionar algumas das diferenças que, pelos enganos do "telefone sem fio", foram se consolidando no TR.

Como parte do grupo recém-formado, composta por psicodramatistas, estudava a linguagem teatral, o exercício da combinação de cenas, ainda que improvisadas, intensificava a busca do aprimoramento estético no sociopsicodrama. E assim esse grupo, ainda num clima de experimentação, se apresentou em outra instituição a uma plateia de 30 ou 40 pessoas e foi surpreendido por uma emoção intensa do público, que fez fila ao final para cumprimentar a equipe. O entusiasmo tomou conta da trupe, que resolveu inscrever-se num importante encontro de psicodrama regional do Sudeste, em 1994, que aconteceu no Liceu

Pasteur, em São Paulo. Mais uma música: Flávia Barcellos foi convidada para tocar conosco e, nos quatro anos seguintes, essa foi a formação do grupo.

A plateia desse importante evento do meio sociopsicodramático era constituída pelos mais renomados psicodramatistas brasileiros, que se concentravam em grande número em São Paulo. O grupo estava temeroso, mas ficou confiante quando o diretor daquele dia contou que uma das pessoas que estiveram na intervenção anterior tinha escrito uma carta para seu irmão que morava no Japão e reatado as relações rompidas há anos. Isso se referia a certa cena relatada e encenada pela trupe na ocasião, uma leitura apenas intuitiva e sem preparo nenhum. Portanto, soubemos minutos antes da apresentação que havia ocorrido um possível desdobramento terapêutico do trabalho. Foi de fato um impacto que mobilizou a ação em nós. Imbuídos do espírito de que tínhamos interferido de modo que consideramos construtivo na vida de alguém, ficamos mais tranquilos, embora não soubéssemos muito bem a dimensão do que estávamos fazendo.

A intervenção foi emocionante, com muito choro e riso, e os elogios das "feras" do sociopsicodrama causaram na trupe alegria e perplexidade. Um dos membros do grupo relatou em sua publicação esta história: "Percebemos que aquela não era uma experiência para morrer naquelas apresentações iniciais e quase intuitivas. A ousadia de reinventar a arte por pura experimentação estava dando certo!" (Aguiar, 2009, p. 379).

Uma reunião interna foi convocada para "entender" tudo aquilo. Nesse encontro do grupo, fomos tomados, além de alegria, pelo receio do que fazer em seguida. Será que esse trabalho tinha alguma patente? Teríamos de dar satisfações a alguém do que fazíamos? Ainda nem sonhávamos que o método original não era da maneira como o realizávamos. Tampouco tínhamos vasculhado a complexa obra de Moreno para saber o que ele falara sobre ego--ator, quando a plateia não entra em cena. Somente em 2004, 11 anos depois do batismo do TR, em um diálogo eletrônico muito relevante para meu trabalho com Silvia Petrilli, tomei conhecimento (por intermédio da colega Anna Maria Knobel, que na época pesquisava a obra de Moreno em sua dissertação de mestrado) desse precioso trecho, referente ao trabalho clínico de Moreno, que ela colheu para abrilhantar a fervilhante discussão eletrônica:

> [...] dois métodos gerais de produção podem ser diferenciados: o *método do ator-paciente*, em que um paciente é, ao mesmo tempo, o ator principal e o informante principal; e o *método do ego-ator*, em que um auxiliar é o ator principal e o paciente é, meramente, o principal informante [...] O *método do ego-ator* requer uma organização mais permanente do elenco, uma equipe de egos-auxiliares que tenham trabalhado com pacientes em alguns papéis de egos-auxiliares e tenham sido adestrados para espelhar os pacientes no palco, utilizando os próprios pacientes para comprovar a fidelidade de suas autuações. Podem ser usados como atores principais egos altamente sensíveis, dotados de um profundo talento subjetivista de imitação. (Moreno, 1987, p. 458, grifo do autor)

Portanto, com informações incompletas e nenhuma formação direta sobre o PBT – como começa a maioria das criações espontâneas –, o que viria a ser o Grupo Reprise passou várias horas tentando achar um nome brasileiro para esse novo trabalho, que nos deixasse mais seguros. O nome que surgiu depois de muitas ideias foi **Teatro de Reprise**. Nossa justificativa era que os roteiros subjetivos das cenas faziam parte do passado, pois as situações já tinham sido vividas pelos narradores e as recordações já estavam cristalizadas, mesmo quando se tratasse de sonhos, daí o nome Reprise. Ao mesmo tempo, o que era reproduzido no palco não era passado, era vivo e teatral. Algumas cenas tinham momentos de impacto e emoções fortíssimos. Teatro de Reprise parecia expressar o que fazíamos, até mais do que o termo *playback*, que no Brasil está associado ao som de uma gravação utilizada para que o cantor apenas mexa os lábios e a interprete, ou seja, à dublagem.

Esse grupo, composto em sua maioria de psicodramatistas ao longo de sua trajetória, foi também denominado de **Grupo Reprise** devido à maneira como ficou conhecido. Encerrou suas atividades como Grupo Reprise em 2000, então com seis membros após um falecimento[32] e a saída de um dos membros[33], que decidiu seguir o caminho do PBT ortodoxo e original.

Figura 1. Grupo Reprise em 1998, no Teatro Municipal de Assis, São Paulo, por ocasião da turnê de comemoração e reflexão dos dez anos do Estatuto da Criança e do Adolescente, patrocinado pelo Conselho Regional de Psicologia.

Durante a trajetória desse grupo, muitas intervenções e até turnês foram realizadas; várias dúvidas foram sanadas e outras, despertadas, por meio do conhecimento mais aprofundado do método original. Dois dos membros fizeram cursos no exterior sobre PBT, e um deles trouxe a esposa do criador do método, Jo Salas, para nos visitar em São Paulo, quando ela deu um curso

---

32. O saudoso Arnaldo Liberman, que possuía uma capacidade de, em seus personagens, improvisar textos longos muito engraçados sobre qualquer assunto. Seus monólogos eram, inclusive para a equipe, impossíveis de não ser assistidos e um grande esforço para não rir.
33. Antonio Ferrara, que deixou de ser psicodramatista.

nessa cidade. Ela comentou, na época, que fazíamos um trabalho parecido com o dos australianos, embora não nos tenha assistido, mas apenas ouvido nossos relatos. Nessa ocasião, filiamo-nos à Rede Internacional de PBT (IPTN), fundada por ela e por Fox. Ela também nos informou que suas experiências do PBT com crianças haviam mostrado que o mais indicado nesse caso seria trabalhar com mitos, histórias infantis e folclóricas.

Afinal, descobrimos que não precisávamos de patente! Anos depois, o próprio Grupo Reprise apresentaria para lançar o livro de Salas (2000), traduzido para o português, na Bienal do Livro, no Parque do Ibirapuera, em São Paulo.

Ao longo da existência do grupo e mesmo com o grupo novo, que formamos depois, vários convidados participaram do nosso trabalho, entre eles consagrados psicodramatistas. Não vou citá-los, pois certamente cometeria injustiças ao não me recordar de todas as colaborações e incentivos incríveis que tivemos.

Figura 2. Grupo Reprise num espaço alternativo, na rua Ibiaté, em São Paulo. Eduardo Coutinho e Rosane Rodrigues.

Durante a vigência do Grupo Reprise, muitas experiências foram realizadas por nós em empresas, ONGs, escolas, instituições de psicodrama, criando novas maneiras de praticar a metodologia. A música, por exemplo, foi inteiramente criada por Alexandre Aguiar e Flávia Barcellos, pois no PBT, como já vimos, não há música estruturada em forma de canções entre a narrativa e a cena. A parte musical foi depois aprimorada por vários músicos que se seguiram no Grupo Improvise.

Também nos aventuramos no TR com crianças, com o apoio de uma escola de educação infantil, de sua diretora à época e da psicoterapeuta junguiana Maria Aparecida Vilhena, que se aventuraram conosco para investigar as palavras de Salas sobre como reagiriam as crianças menores de 7 anos. Descobrimos que elas realmente reagem bem a contos de fadas, mitos e acrescentam a tudo isso muita invenção por parte delas, além de elas mesmas quererem representar suas cenas e se encantarem mais do que os adultos com as roupas e fantasias.

Outra experiência com o público infantil se deu num educandário em Cotia, São Paulo, numa apresentação em que nosso público-alvo deveria ser os pais, mas só compareceram as crianças. Sob a direção de Milene Féo, esse evento deixou marcas profundas no grupo, pois um menino de 6 anos relatou uma cena estarrecedora: a mãe lhe contara que o pai levou seis tiros e não morreu; só faleceu depois de levar mais seis tiros, quando saía do hospital. O atirador foi o marido da mulher com quem o pai tivera um caso. A intervenção nos marcou porque, dentro de nossas experiências, convidamos um ator para completar o elenco e ele representou o pai de maneira "perfeita", morrendo como personagem. Contudo, a representação foi chocante demais para nós, que consideramos grosseiro mostrar um pai morrendo daquela forma diretamente ao garoto, que apenas reproduziu a cena que a mãe lhe contou. Episódios como esse não se repetiram, assim como esse ator também não foi convidado a trabalhar com a equipe novamente. E, além de tudo, descobrimos de maneira contundente como crianças podem ter memória aos 6 anos de idade. O choque do grupo foi tão grande que, por algum tempo, passamos a recomendar que crianças não participassem de intervenções com o TR. Posteriormente, percebemos que era necessário apenas o cuidado de preservar alguns temas e escolher melhor o perfil da equipe, assim como ajudá--la a se preparar para o trabalho. Nas sessões abertas, o próprio público se regula se houver crianças presentes. De fato, a questão importante aqui é que todos éramos psicodramatistas e não nos demos conta de que havia aí um preparo prévio e certa visão de pessoas, não apenas como um enredo fantástico.

Outras experiências de intervenções com profissionais do sexo do centro de São Paulo e com adolescentes da comunidade de Heliópolis, com alto índice de violência, também nos marcaram muito, além das sessões mensais realizadas pelo grupo ao longo de sua existência. Alguns membros do grupo continuaram essa investigação, em carreira solo, depois da extinção do Grupo Reprise, em 2000.

Porém, o Grupo Reprise jamais foi o mesmo depois do falecimento de Arnaldo Liberman, nosso líder afetivo. Um dos membros saiu em 1998, mas ainda seguimos por dois anos, com direito a uma última apresentação.

O fato é que o termo "TR", como nos disse Russo (2004, p. 35), foi adotado entre os psicodramatistas brasileiros, pelo menos entre uma grande parte, como uma modalidade de sociopsicodrama. Vários grupos se formaram desde então, desenvolvendo e ampliando o método, alguns dizendo que faziam PBT e outros, TR. Mesmo em Portugal, em 2012, encontrei reflexos dessa história no grupo português Eras Uma Vez[34]. Com muito orgulho,

---

34. Grupo liderado por Tereza Roque que tem entre seus membros uma brasileira radicada em Portugal há dez anos, Luzia Mara Lima-Rodrigues. O grupo utiliza várias das contribuições desse período de descobertas e intervenções, pois, na época, essa brasileira recebeu um treinamento para se apresentar num congresso, quando ainda o TR era considerado uma tradução do PBT e o Grupo Improvise estava apenas começando.

Figura 3. Arnaldo Liberman, falecido membro do Grupo Reprise,
como diretor de uma intervenção do TR no curso de psicodrama da Pontifícia
Universidade Católica de São Paulo, no auditório da rua Caio Prado.

pudemos servir de referência para alguns estudos feitos por psicodramatistas sobre o TR. Também a metodologia integra parte do trabalho de inovadores colegas, como Milene Féo, que alegou ter se inspirado nela para o desenvolvimento de seu método multidimensional AGRUPPAA.

Eu mesma tenho, desde 2001, um grupo permanente de TR, o **Grupo Improvise**, composto, entre outros, por três membros do grupo original: Eduardo Coutinho, Alexandre Aguiar e eu. Já fizeram parte da constituição permanente do Grupo Improvise muitos atores, psicodramatistas, músicos, jornalistas, administradores de empresa, engenheiros e médicos.

LOCALIZANDO O TEATRO DE REPRISE NO SOCIOPSICODRAMA

Trabalho com a metodologia do Teatro de Reprise há muitos anos e, mesmo assim, explicar do que se trata a alguém que nunca tenha visto nada parecido não é uma tarefa fácil. A alternativa mais simples tem sido descrever a prática. Mesmo assim, sempre termino a explicação recomendando que seja visto e conferido na ação.

Uma das características dessa metodologia é o tênue limite entre o teatro e o sociopsicodrama clássico. De fato, *o TR está no "entre" os dois*. Portanto, para definir Teatro de Reprise, podemos começar revendo o que ele tem em comum com cada uma dessas áreas de estudo.

Todo sociopsicodrama tem como característica básica promover e adensar a configuração de um grupo inclusivo, por meio do seu aquecimento inicial, o qual procuraria levar seus membros a certo estado de espontaneidade. Um estado o mais livre possível de bloqueios individuais e sociais que despotencializam indivíduos e grupos.

Em sua versão **clássica moreniana**, o sociopsicodrama também possui como característica o fato de que pelo menos uma pessoa da plateia sobe ao palco e entra no papel de ator. Além disso, há três etapas: o aquecimento, a dramatização e o compartilhamento ao final. A etapa de dramatização configura-se como o momento em que o conflito atinge seu desenvolvimento máximo para ser transformado. O termo "dramatização" também nomeia o manejo técnico para atingir a catarse psicodramática ou sociodramática, ou, em outros termos, para transformar o conflito em novas maneiras de lidar com ele e experimentá-las, pelo ator espontâneo, nesse campo fictício e livre de consequências irreversíveis por meio da "criaturgia" (definida por Moreno, 1984, p. 62, como a "alma do autor"). Segundo ele, a "criaturgia" não estaria preocupada com leis que possam ser extraídas dos eventos, pois ela se volta para a própria ação. Em outras palavras, o improvisador espontâneo, como criador, se comporta como um "criaturgo" no instante da apresentação da obra, sem ensaios nem pesquisa sistemática anterior nenhuma. Uma obra sem autores anteriores a ela, e sim com autores concomitantes à sua origem.

No teatro, esses termos são bem diferentes, principalmente na atualidade. Drama, para o teatro, é um gênero teatral burguês ou romântico, aquele criticado por Moreno como "perfeitinho", enquanto para o psicodramatista significa ação e é central na teoria de Moreno. O autor usava também os termos "improviso" ou "improvisação", como atualmente. A dramatização para o teatro se constitui em uma adaptação de um texto épico ou poético para um texto dramático ou para um material destinado ao palco (Pavis, 2008, p. 112). Já para o psicodramatista, dramatização significa uma ação sem combinação prévia, como a improvisação do teatro, porém sob a condução do diretor durante a encenação.

A característica da "dramatização" moreniana, como ferramenta para iniciar ou desenvolver a "criaturgia" e diferenciá-la de um "jogo dramático", como ocorre no sociopsicodrama, é o conflito que vai sendo desdobrado pelo personagem e seus coadjuvantes, com o auxílio do diretor. A "dramatização", como ferramenta, vai sendo construída a partir do conflito e não se apega a hipóteses nem a roteiros prévios. A sequência da ação vai mostrando aonde chegará. Já o "jogo", no sociopsicodrama clássico, que pode ser usado para aquecimento, não tem foco no conflito e sim no prazer dele mesmo, seja de competição, de acaso, de habilidade ou um jogo dramático (contando com improvisações). O objetivo é o prazer lúdico (Rodrigues, 1995, p. 112).

No sociopsicodrama clássico, o diretor é o mediador da ação entre o protagonista, os personagens em cena e a plateia. É ele quem conduz o aquecimento, formando um grupo relativamente coeso e interessado na tarefa comum, e quem ajuda o grupo a eleger o conflito a ser trabalhado. Também é o diretor psicodramatista, no sociopsicodrama clássico, o único elemento que pode entrar em cena e sair, sem a mediação de algum persona-gem. Ele define o início e o final da cena, entra e sai como ele mesmo, em sua função, e rege a escolha, por parte do emergente grupal, dos outros elementos da plateia que desempenharão os demais personagens.

O diretor também interfere na cena durante a "dramatização", solicitando que ela se paralise e, por meio de técnicas, propondo mudanças que pretendem servir a um melhor desdobramento da cena e do conflito. As técnicas clássicas de interferência são: o duplo, o solilóquio, o espelho, a inversão de papéis e a interpo-lação de resistência. Mais adiante, elas serão definidas de manei-ra mais específica, na comparação com as técnicas usadas no Teatro de Reprise.

Os objetivos do sociopsicodrama são interferir no coletivo, transformar o que está cristalizado, estagnado, em matéria pul-sante, potencializando os grupos e os indivíduos que os com-põem por meio da criação e manutenção do campo télico – campo de forças para constelar saúde mental nas relações entre seus participantes. Isso também se poderia dizer sobre o teatro; contudo, a diferença estaria em que o sociopsicodrama se propõe a dar voz ao grupo e à plateia e essa transformação seria feita com os (e a partir dos) esforços físicos e mentais da plateia, como agente e criadora de sua transformação, de sua demanda especí-fica. A plateia elege o conflito no tema abordado e se mobiliza para tentar resolvê-lo. No teatro, o conflito já foi estudado e é trazido como o tema do artista para mobilizar o cristalizado, es-tagnado, e transformá-lo em matéria pulsante.

É importante notar que o sociopsicodrama criado por Moreno vem se transformando e usufruindo do fato de ser uma obra aberta, como foi legada pelo seu criador. Isso quer dizer que hou-ve modificações. Por exemplo, não é mais necessariamente o emergente grupal quem escolhe seus pares em cena ou alguém aquecido que entra na encenação. Uma cena pode se desdobrar em outras, de outras pessoas da plateia, como na modalidade de multiplicação dramática[35], ou as etapas clássicas podem ser substituídas por ciclos de intervenção, como na metodologia multidimensional AGRUPPAA (Féo, 2009, p. 89) – e, ainda assim, tudo isso é chamado de sociopsicodrama. Se o contrato com o grupo ou o indivíduo for psicoterápico, a ênfase do conflito a ser tratado estará nas cenas da vida privada de cada um e na corresponsabilização do grupo por uma cena central que o represente, caracterizando o **psicodrama** (não genérico). Se o contrato for socioeducacional ou cultural, a ênfase será no motivo ou tema do encontro, que poderá eventualmente se debruçar sobre a própria sociodinâmica grupal – aqui temos o **sociodrama**. Se o contrato for específico sobre valores, configura-se um **axiodrama**. Existe ainda um formato de sessão sociopsicodramática que vem ganhando grande força, a "comunidade em cena", formada um pouco por cada um desses elementos, voltados para trabalhos abertos com comunidades.

O que Moreno chamou de "dramatização", referindo-se à improvisação que busca a resolução do conflito do emergente grupal, possui uma variação nas práticas sociopsicodramáticas: a cena com roteiro. Nem sempre há um emergente grupal, e sim um grupo inteiro desenhando seus temas e conflitos divididos em pequenos grupos, nos quais cria cenas ou elege a de um de seus membros. Esse formato pressupõe que o pequeno grupo que encena o roteiro improvise a cena, mas tendo começo, meio e fim já resolvidos de antemão. Como essa maneira conta com um roteiro prévio, fiz uma diferenciação entre ela e a "dramatização", chamando-a em um artigo de "teatralização" (Rodrigues, 2008a, p. 106). Essa ferramenta seria também improvisada e, ao finalizar a apresentação do grupo ou mesmo durante a encenação, o diretor interferiria na cena, por meio de técnicas (espelho, solilóquio etc.), para aprofundá-la. Se não houver qualquer transformação da cena "teatralizada", poderemos dizer que se trata apenas de um

---

35. Modalidade criada pelos argentinos Friydlewsky, Kesselman e Pavlovsky, em 1974.

"jogo dramático", pois não produz uma mudança de patamar de conhecimento. Ou seja, o grupo se beneficia da criatividade exercida, o que pode ser um ganho. Todavia, o grande potencial metodológico do sociopsicodrama não foi utilizado, o que se daria com a intervenção do diretor e das técnicas.

O diretor pode, por meio das técnicas de espelho, inversão de papéis e solilóquio, fazer que o grupo se aprofunde, consiga sair de sua passividade e encontre meios de agir dentro da cena fictícia. Com a ação do diretor, na etapa de compartilhamento, o grupo pode se apropriar dessa potência ao se enxergar como agente de mudança social, desenvolvendo nos membros capacidades para recursos novos que poderão ser usados em suas comunidades ou ali mesmo, no contexto grupal.

Nesse caso, essa "teatralização" ou encenação é trabalhada pelo diretor do mesmo modo como a ferramenta de "dramatização", conduzindo o tema a novos conhecimentos e emoções. Evidentemente, um diretor pode optar por manter durante toda a sessão de sociopsicodrama apenas as teatralizações realizadas pelos pequenos grupos. Isso, de fato, é bem comum, principalmente quando a intervenção é processual, ou seja, faz parte de um processo de várias intervenções com o mesmo grupo: psicoterápicos, institucionais ou grandes imersões de final de semana. Portanto, o diretor terá oportunidade de retomar o tema e, assim, preparar o grupo para uma ação posterior mais contundente de transformação.

O TEATRO DE REPRISE

A perspectiva do Teatro de Reprise (TR), já mostrada em relação ao PBT, assim como toda metodologia sociopsicodramática, busca formar e adensar os conteúdos subjetivos coconscientes (CCSs) e coinconscientes (CICSs) de um grupo no seu aquecimento, de tal maneira que ele se comporte como um organismo. A partir desse movimento coeso do grupo (que não busca consenso, mas inclusão das diferenças), cada ação, desde que mantido o aquecimento dos estados espontâneos grupais, é representativa de qualquer parte desse grupo, plateia ou equipe.

Contudo, o TR propõe uma novidade em relação ao sociopsicodrama: uma "teatralização" ou "encenação", como foi definida acima, sem que o trabalho do diretor a transforme em uma "dramatização" para que se obtenha a mudança de patamar de conhecimento grupal. Existe uma equipe preparada para tanto, contando com no mínimo seis pessoas. E o diretor, embora exerça um papel fundamental, está longe de ser o mais importante.

Dado que o Teatro de Reprise se propõe a estimular e acolher os temas grupais e que o improviso é uma ressonância de atores sensíveis a esses temas, os ego-auxiliares do sociopsicodrama clássico convertem-se em ego-atores. "Podem ser usados como atores principais egos altamente sensíveis, dotados de um profundo talento subjetivista de imitação" (Moreno, 1987, p. 458).

Chamo aos atores e músicos do Teatro de Reprise de ego--atores e ego-músicos, pois as funções nascem de uma proposta alinhada com a noção de ego-auxiliar de Moreno e de sua própria definição de ego-ator, que substitui o emergente grupal no palco. Assim, transponho o mesmo termo para os músicos, chamando--os de ego-músicos, pois fazem um trabalho igualmente de escuta dos narradores e convertem isso em músicas, sons e arranjos, sua ressonância estética, além de entrarem em cena na manutenção do aquecimento e interferirem de modo expressivo nos sons incidentais da montagem improvisada.

O termo "espetáculo", ainda que seja utilizado por vários grupos que fazem tanto PBT quanto outras modalidades inspiradas nele, não me parece corresponder ao objetivo do que se busca nas intervenções feitas com a metodologia do TR ou afins: ser assistido, contemplado, mesmo que seja uma contemplação disruptiva e provocativa com o público. "É espetáculo tudo o que se oferece ao olhar. Esse termo aplica-se à parte visível da peça (representação), a todas as formas de artes da representação e a outras atividades que implicam participação do público" (Pavis, 2008, p. 141). No entanto, para os ainda preconceituosos dentro do sociopsicodrama com os aspectos teatrais, mesmo que o termo "intervenção" contenha uma conotação agressiva para os brasileiros, parece por enquanto o mais indicado para caracterizar o evento de TR.

Considero que as cenas não devam ser "dramatizações" sem combinação prévia, como definidas por Moreno, e sim "teatralizações", como defini:

> Distingo dramatização de teatralização. Na primeira a ação dramática vai se construindo predominantemente enquanto a ação vai acontecendo. Já na teatralização, o esboço ou a cena completa já está definida, quando a encenação começa. A improvisação acontece, portanto, a partir de uma dramaturgia já resolvida previamente. (Rodrigues, 2008a, p. 106)

O termo "teatralização" tem outras conotações para o teatro:

> Teatralizar um acontecimento ou um texto é interpretar cenicamente usando cenas e atores para construir a situação. O elemento visual da cena e a colocação em situação de discurso são as marcas da teatralização. A dramatização diz respeito, ao contrário, unicamente à estrutura textual: inserção em diálogo, criação de uma tensão dramática e de conflitos, entre personagens, dinâmica da ação (dramático e épico). (Pavis, ibidem, p. 374)

A "teatralização" do sociopsicodrama, definida por mim em 2008, é também improvisada, embora possua um roteiro prévio, em graus variados de estruturação. Ou seja, vai desde um esboço, com começo, meio e fim, até um roteiro completo, cocriado pelo grupo de participantes. No TR, o roteiro é muito breve, com a distribuição dos personagens entre os ego-atores mais aquecidos. Portanto, a equipe improvisa cenas com combinação prévia, inspiradas na narrativa, ou as "teatraliza", segundo minha definição.

É importante notar que isso difere de um esquete teatral ensaiado pela equipe antes da apresentação.

A função da combinação prévia no TR é principalmente buscar a ressonância estética da equipe, em vez de a de cada ator. A equipe compartilha um CCS e um CICS pela convivência de um grupo permanente. Entretanto, também há a busca de um apuro estético, o qual propicia que a equipe se aventure muito mais nas cenas simbólicas. Como exemplo, em uma cena relatada de disputa entre duas irmãs sobre suas capacidades de andar a cavalo, a equipe pode inverter de papel com os cavalos e fazer a cena toda do ponto de vista dos animais, discutindo o comportamento de cada irmã, ou mesmo algumas cenas que se beneficiam da combinação entre os atores. Por exemplo, nesta cena[36]:

O narrador contou um sonho que teve com o pai, após sua morte. No sonho, eles estavam juntos, dentro de um carro. O pai dirigia e pouco sem falavam. À medida que o tempo passava, o narrador crescia, até o momento em que se tornou adulto e sentiu que seu pai se orgulhou em vê-lo maior. A emoção mencionada na entrevista com o diretor é a de poder dizer ao pai o quanto foi bom se tornar um homem como ele, pois, na realidade, o pai morrera antes que isso acontecesse.

Música – "Naquela mesa", Sérgio Bittencourt.

Encenação – Ego-atores, como pai e filho, caminham e se olham. O filho de joelhos. Param no centro do palco, simulam que estão num carro e continuam se olhando de vez em quando. A cada olhar do pai, o filho cresce (se levanta um pouco). Em determinado momento entra uma atriz, com uma máscara, e lentamente tira um lenço branco do pescoço do pai e passa para o filho. Um olhar "de orgulho" e o pai sai de cena devagar. O filho fica só e, ao virar-se, não vê mais o pai.

---

36. Cena realizada pelo Grupo Improvise em 2003, na Apae de São Paulo.

Ou então a cena[37]:

Uma jovem psicoterapeuta contou sobre a primeira vez que foi ao teatro e assistiu ao espetáculo "Saltimbancos", peça de Sergio Bardotti e Luiz Enriquez, com adaptação musical de Chico Buarque. Ela morava no interior e nunca havia ido ao teatro, quando seu pai anunciou que levaria os quatro filhos, ela a mais velha, com cerca de 11 anos. Primeiro a excitação, depois o espetáculo e por fim um repetir sem fim de encená-lo pelas crianças nos dias seguintes. Ela disse, muito emocionada, que o pai não teve alternativa senão levá-los novamente. Nota-se a delicada forma como a narradora ensejou que a diretora a encorajasse a cantar a música do gato, a capela, que ela dizia não esquecer ("História de uma gata"). O público já se emocionou muito nesse momento, antes de a cena ser representada pelos ego-atores.

Músicas – Canções da gravação de "Saltimbancos", de Chico Buarque.

Encenação – À frente uma atriz em pé e, atrás dela, todos os outros atores. Da plateia, viam-se apenas panos coloridos, de várias cores. Uma voz sai ao fundo, um suposto pai contando que eles vão ao teatro. A atriz vai reagindo e, numa textura muito delicada de cena, vai descrevendo que está vendo os bichos dos "Saltimbancos". Sai, de repente, de trás dela, a cabeça de um ator "fantasiado" de jumento. A aparição causa surpresa e aos poucos todos os outros bichos vão aparecendo e brincando com ela: cachorro, gato e galinha.

Cabe salientar que o termo "teatralização" pode, nesse trabalho, ser substituído em alguns momentos por "encenação" para utilizar a linguagem do meio teatral e propor uma nomeação mais abrangente na minha revisitação ao termo.

Diferencio também, em publicação anterior, as intervenções sociopsicodramáticas processuais daquelas realizadas em forma de ato único (Rodrigues, 2008a, p. 107), visto que a primeira pressupõe outros encontros entre equipe/direção e grupo/plateia/indivíduo. Portanto, o ato único se configura como uma

---

37. Cena realizada em Campos de Jordão, no Encontro de Psicologia Analítica: Moitará, em 2007.

intervenção em que há começo, meio e fim, e não um contrato de continuidade, nem anterior nem posterior. Na diferenciação, ainda incluo o ato com participantes em processo, com alguns frequentando um grupo de maneira continuada, mas o trabalho específico tem como proposta um ato único.

O TR não é um trabalho processual por excelência. Ele até pode estar contido em um objetivo mais amplo, num processo de treinamento, por exemplo. Contudo, ainda assim a modalidade tem começo, meio e fim, como intervenção, naquele mesmo momento. Trata-se de uma intervenção sociopsicodramática em **ato**, quanto à questão da regularidade. O TR também pode ser incluído em outras modalidades, como a "loja mágica" (Rodrigues e Yukimitsu, 2014).

Quanto à questão das etapas em que ocorrem as cenas do TR, a etapa tradicional no psicodrama de dramatização talvez possa ser substituída pelo termo mais consagrado, "ação dramática", pois abriga um ciclo de vários narradores cujas cenas dialogam entre si.

A figura do diretor/administrador/mediador/condutor exerce no TR um tipo de coordenação cuja especificidade reside em vincular, aquecer e conduzir a plateia a recordar cenas vividas, acordadas ou dormindo, e a "entregá-las" nas mãos dos ego--atores e ego-músicos. Estes irão produzir a significação cênica da "obra dramatúrgica da vida" de cada narrador, tendo em vista que, como já vimos, à memória vêm misturadas as invenções que fazemos consciente ou inconscientemente. Esse narrador é uma fração representante do coinconsciente grupal, dados os passos empregados pela metodologia para que ele conte sua cena, como veremos adiante. Na verdade, o narrador é um emergente grupal e poderia também, como no sociopsicodrama clássico, ser chamado de protagonista. Prefiro, no entanto, o termo "narrador", pela inspiração no PBT e por deixar claro que ele não entra em cena, exceto em raras ocasiões.

O TR utiliza-se de uma dramaturgia baseada no recordado como vivido, algumas vezes permeado por um tema proposto previamente ao grupo. Outras vezes, o tema é livre, porém a reunião daquelas pessoas é certamente atravessada por algum viés: do motivo que reúne aquele grupo. Poderia ser considerado, portanto, um sociodrama tematizado. Os temas que ganham mais potência na metodologia, em minha experiência, são os valores, como prevenção à violência, discussão sobre inclusão, abusos políticos, ética e cidadania. Tenderia a classificar a metodologia como axiodrama[38] por essa razão, mas penso que "sociodrama tematizado" seja uma definição mais abrangente.

Os relatos das cenas são "teatralizados" ou improvisados, buscando-se uma ressonância simbólica e estética. É um convite ao diálogo coconsciente e coinconsciente com a plateia por meio do próximo relato e do compartilhamento das situações recordadas durante as cenas.

Poder-se-ia conceber o TR como uma intervenção pedagógica ou andragógica, no sentido de possibilitar a aprendizagem não por transmitir um conteúdo que os aprendizes não saibam, mas por ser um conhecimento construído com base na reflexão crítica do narrador e dos demais participantes ao assistirem à leitura proposta pelos ego-atores. A tensão entre a narrativa falada e a encenada favorece um rompimento com conceitos já prontos e internalizados de maneira passiva e acrítica. Por acreditar no favorecimento da aprendizagem, o objetivo principal desse tipo de intervenção tem sido, fundamentalmente, o desenvolvimento das pessoas e dos grupos.

Muitas vezes, existe um tema previamente determinado; em outras, o tema é espontâneo, porém sempre serão aquelas pessoas presentes no evento que ocuparão a prioridade do trabalho. De acordo com os princípios sociopsicodramáticos da socionomia, se as pessoas presentes forem levadas a um estado de espontaneidade – plateia e elenco –, poderão atingir uma reflexão mais ou

---

38. Axiodrama é um sociopsicodrama com eixo específico em valores, como "justiça, verdade, beleza, bondade, complexos, perfeição, eternidade, paz etc." (Moreno, 1999, p. 114).

menos profunda e emocional sobre o tema que resulte na transformação necessária, possível e natural àquele grupo. Segundo Moreno (1992, p. 75):

> A espontaneidade de um é o que faz a espontaneidade do outro funcionar. A diminuição ou perda da espontaneidade de um pode produzir a diminuição ou perda da espontaneidade de outros dos três agentes principais da produção: protagonista[39], diretor e auditório. A manutenção do equilíbrio da espontaneidade no campo total depende de um número de fatores, dos quais citamos a vigilância do diretor para que o "princípio" não seja sacrificado por nenhum objetivo externo, como, por exemplo, tentar obter uma produção impecável para um observador externo de fora da situação que não esteja envolvido no aqui e agora.

Da mesma forma que a intervenção não deve permitir manipulações para obter um resultado sem imperfeições, esta também não se sujeita a qualquer outro tipo de manipulação. Sabemos que o projeto socionômico de Moreno pressupõe a expressão coletiva e a liberdade do grupo de negociar seus planos e destinos. Além disso, a equipe, especialmente a direção, deve ter uma atitude livre de concepções anteriores e ser formada por pesquisadores participantes do grupo. Portanto, o tema inspira o trabalho, mas não determina o resultado.

A equipe, ao ser considerada participante do grupo, visa sentir-se como ele. As semelhanças das histórias pessoais do ego-ator, do diretor e do ego-músico com as cenas contadas pelos narradores devem inspirá-los para ser convertidas em linguagem, poética e potência. A generosidade essencial da metodologia supõe que a equipe seja um instrumento de expressão da emoção do grupo, um veículo de seu movimento emocional e do fluxo de ideias. Uma verdadeira ressonância estética, baseada numa escuta afinada e sensível da narrativa e na ampliação do campo da plateia.

---

39. No caso do Teatro de Reprise, narrador.

De que maneira se poderiam garantir esse fluxo e sua conexão com a equipe?

Um dos principais fatores é a preparação da equipe. No teatro, os atores conhecem a dificuldade de improvisar, e alguns chegam a sentir muito desconforto com improvisações diante do público. Improvisam tecnicamente apenas para criar as cenas, os personagens e as intenções nos ensaios, mas no momento do espetáculo tudo deve estar bem ensaiado e resolvido. O personagem já deve ter sido bem pesquisado em sua gestualidade e marcação cênica, e o ator terá a liberdade de emocionar o público com sua atuação – o modo como expressa o que veio contar – do texto decidido ou cocriado pela trupe, já lapidado em sua carpintaria dramatúrgica. Portanto, já existe uma conserva cultural, que se atualizará e criará o novo por meio do jogo cênico com a plateia.

Os ego-atores e ego-músicos do TR preparam-se para o improviso das cenas por meio do desenvolvimento da linguagem cênica, de sua sensibilidade empática, da escuta do conteúdo e da forma como o narrador expressou sua cena. A direção deve ter, além do conhecimento da metodologia, preparo igual ou ainda maior, pois é responsável pela mediação entre público e elenco. Além disso, há o fato de que o diretor precisa estar suficientemente preparado para inclusões desafiadoras da plateia.

O preparo nos ensaios pode incluir desde consciência corporal, afinamento de gestualidade e intenção cênica até exercícios como escutar uma história, escrevê-la sem inferências e depois comparar com as anotações dos colegas. Além, é claro, das reflexões sobre inclusão, formação de grupo, aquecimento para estados espontâneos e um trabalho pessoal de cada membro com sua subjetividade e história de vida.

Portanto, depois dessas reflexões, poderíamos conceituar:

Teatro de Reprise é uma modalidade de intervenção sociopsicodramática em forma de ato único, regida por um diretor que cria coesão grupal e ciclos intercênicos. Na etapa de ação dramática, uma equipe de ego-atores e ego-músicos, prepara-

dos para uma ressonância estética, realizam improvisações com breve combinação prévia, inspiradas em cenas vividas e relatadas por narradores espontâneos.

FUNCIONAMENTO DA METODOLOGIA

FUNCIONAMENTO GERAL

O Teatro de Reprise, como vimos, foi fortemente inspirado pelo Playback Theatre e conserva alguns pontos de sua estrutura básica, tais como:

- Um elemento responsável pela mediação entre equipe e plateia, assim como uma equipe preparada para realizar a ressonância estética das narrativas.
- Criação de um ritual, pela "repetição de estruturas de espaço e de tempo que proporcione estabilidade e familiaridade, dentro das quais o imprevisível pode estar contido" (Salas, 2000, p. 118). Alguns procedimentos potencializam a experiência, como num rito.
- Recepção da plateia com alegria e descontração, procurando inspirar confiança e acesso fácil.
- Entre os recursos de aquecimento, a utilização da técnica de esculturas fluidas (descritas adiante).
- Encenação de algumas cenas recordadas, relatadas espontaneamente pela plateia.
- Busca de uma leitura estética das cenas relatadas conforme a sensibilidade artística da equipe, transformando-as em pequenas ressonâncias improvisadas de teatro, carregadas de significado e jogo cênico entre a plateia e o narrador.
- Respeito e delicadeza, em especial com o narrador que generosamente disponibilizou sua cena e, portanto, sua vida para aquele grupo presente, sem aconselhá-lo ou julgá-lo.

O TR também mantêm os princípios fundamentais do sociopsicodrama, criado por Moreno, apoiando-se em conceitos como:

- Aquecimento, coconsciente, coinconsciente, espontaneidade, contexto dramático, tele, campo télico, teoria de papéis, realidade suplementar, entre outros.

Além disso, o TR utiliza o teatro como referência de linguagem cênica e cenográfica. O espaço cênico pode ser montado em uma sala qualquer ou num teatro convencional.

Como as etapas da intervenção e seus objetivos serão detalhados neste capítulo, penso ser importante uma visão aérea e global da metodologia, para que se tenha noção da totalidade, principalmente para quem nunca participou de uma prática sociodramática. Também é importante dizer que a metodologia que descrevo está impregnada de mim mesma. Quem dirige acaba imprimindo suas peculiaridades na metodologia e interferindo fortemente no processo, desde seu aquecimento até a maneira, o ritmo e a visão cultural e política de mundo. Farei todo o possível, no entanto, para explicitar a metodologia segundo o que considero comum a qualquer direção (diretor psicodramatista).

Numa visão geral, portanto, poder-se-ia dizer que uma equipe formada por alguns ego-atores, um ou mais ego-músicos, figurinos, instrumentos musicais e um diretor coconstrói com a plateia uma intervenção sociopsicodramática com qualidades estéticas sofisticadas, visto ser baseada no improviso. Os atores são chamados de ego-atores, os músicos de ego-músicos e uma armação (pode ser uma arara de metal) com panos coloridos, chapéus, máscaras e apetrechos cênicos é chamada de camarim. Esse elenco em geral é preparado previamente para realizar a tarefa, porém, às vezes, pode ser substituído por um elenco espontâneo, formado no momento da intervenção. Seria preciso, no entanto, que esse elenco fosse separado da plateia antes da fase de recordação das cenas, para que cada participante do grupo já se aquecesse na função que desempenharia no evento. Isso evita que membros da equipe mergulhem de maneira regredida em suas cenas pessoais e facilita a disponibilização para a cena de outrem. A plateia também deve se entregar ao processo tendo clareza de seu papel e confiança de ser acolhida e respeitada nas suas dores, alegrias e delicadezas da vida, conforme foram guardadas na memória.

Alguns voluntários, chamados de narradores, relatam cenas passadas de suas vidas, que são "teatralizadas" pelo elenco de ego-atores e ego-músicos. Antes disso, porém, a direção aquece o público para despertar suas cenas guardadas na memória e facilitar a expressão das emoções da plateia, que serão transformadas em linguagem cênica.

O narrador desempenha, de fato, o mesmo papel do protagonista do sociopsicodrama clássico, ou seja, de emergente grupal[40] que carrega e representa uma fração do coconsciente e do coinconsciente grupal, e se transforma, na teatralização, em personagem principal da montagem teatralizada, encarnado por algum dos ego-atores que se sinta aquecido para o papel. É chamado de narrador exatamente por não entrar em cena diretamente, contribuindo apenas como autor. Ele assiste à encenação da plateia, no melhor ângulo possível, e também é assistido por ela. Por algum tempo, portanto, ele faz parte do elenco, como dramaturgo, e também favorece com sua cena e montagem posterior o surgimento de um novo narrador e uma nova cena, e assim por diante. Cada intervenção de TR, com cerca de duas horas, produz em média quatro cenas. O diretor faz a mediação entre narrador e elenco, mas a distribuição de

---

40. Concepção fertilizada por Falivene (1994) e com a minha ressalva, segundo a qual o protagonista não é quem agoniza nem necessariamente o personagem principal, mas, como na origem grega da palavra, o primeiro combatente, guerreiro. Ou seja, o que se lança em primeiro lugar e, de certa forma, lidera o grupo com sua ousadia de se destacar dele (Rodrigues, 2008a, p. 116).

personagens entre os ego-atores é organizada por eles mesmos. Assim que o narrador conta sua cena no TR, ele e o diretor sentam-se num local privilegiado e reservado previamente na plateia, de frente para o palco, para ouvir a música tocada pelos ego-músicos, enquanto os ego-atores combinam a cena, em três ou quatro minutos, num canto ao fundo do palco, e distribuem os papéis.

A improvisação combinada procura não ser uma mera reprodução da cena. O resultado cênico busca refletir/problematizar, tanto para o narrador quanto para o grupo presente, uma significação/ressonância e nunca um conselho ou julgamento. Tecnicamente, a metodologia do TR lança mão de uma ferramenta que se desdobra de outra clássica do sociopsicodrama, o "espelho", que em publicação anterior (Rodrigues, 2008b, p. 107) batizei de **espelho ressonante**. As técnicas são utilizadas durante a "dramatização" para que o diretor possa mexer na cena em seu desenrolar, com objetivo de melhorar ou manter o aquecimento, valorizar um conflito protagônico, cortar ciclos repetitivos ou dar voz a algum personagem excluído na cena.

Costuma-se, no sociopsicodrama, diferenciar as técnicas usadas em cena daquelas utilizadas no aquecimento. As técnicas de aquecimento são frequentemente chamadas de jogos, em geral jogos dramáticos, segundo classificação de Roger Caillois (*apud* Rodrigues, 1995, p. 112). Vamos primeiramente às técnicas que denominarei dramáticas. No sociopsicodrama clássico, essas técnicas dramáticas usadas em cena ajudam a desenhar, com grande potência, o que aquele grupo quer dizer. Algumas delas eram utilizadas por Moreno, embora ele não as tivesse definido ou nomeado, as quais eu chamei de "estéticas" (Rodrigues, 2008b, p. 88) – por exemplo, pedir aos atores que congelem a cena para introduzir alguma modificação, ou, quando há dois grupos em cena fazendo coisas diferentes, congelar um e dar voz ao outro, para que a plateia tome conhecimento do que cada um fala ao mesmo tempo.

O importante aqui é perceber que, no caso do TR, como não há interrupção, a própria encenação se constitui como técnica dramática, dentro da qual os ego-atores utilizarão outras técnicas, inspiradas diretamente no sociopsicodrama clássico e na linguagem teatral.

TÉCNICAS PSICODRAMÁTICAS E SUA DERIVAÇÃO PARA O TEATRO DE REPRISE

Espelho – Das técnicas dramáticas criadas por Moreno para seu sociopsicodrama clássico, usadas durante a etapa de "dramatização", podemos começar pela chamada de "**espelho**". Ela permite a separação cênica entre ator e autor. O ator é substituído por um ego-auxiliar ou por um objeto, de forma que ele, como autor/espectador, possa ver a cena com distanciamento suficiente (inclusive geográfico). Esse ator pode ser o autor/protagonista/personagem principal ou não, pois se pode, em princípio, realizar a técnica com qualquer ator em ação no contexto dramático. O objetivo é sua reflexão emocional consciente e o que cria a possibilidade de uma posterior transformação da ação, a partir de *insights* dramáticos, ensejados pela potente técnica. Portanto, o distanciamento permite ver "de fora" algo que, muitas vezes, por estar tão envolvido, o ator de improviso não vê. O mesmo ocorre na vida; por estarmos tão envolvidos e próximos aos nossos problemas, não vemos o todo e, portanto, não conseguimos enxergar uma solução ou um encaminhamento possível.

No TR, nomeei de "**espelho ressonante**" (Rodrigues, 2008b, p. 88) a técnica que mantém o mesmo princípio do espelho moreniano, ou seja, o autor/protagonista, que carrega o tema protagônico, se converte em narrador ao contar sua cena vivida e assiste à ressonância estética de seu relato em ego-atores a distância. A ressonância poderá vir em uma cena representada, em forma simbólica ou ainda na música tocada. No caso do TR, o diretor, assim que o narrador termina de contar sua cena, confere se a equipe compreendeu ou quer perguntar algo e não mais interfere na montagem que será realizada pelos ego-atores. A cena apresentada é de fato uma surpresa para o narrador assim como para o diretor.

Inversão de papéis – As "dramatizações" realizadas diretamente com elementos da plateia, ao produzirem um desdobramento imprevisível, pedem que o diretor, para introduzi-las, paralise a cena com um simples "Congela!" e, na sequência, use uma técnica como a **"inversão de papéis"**. Como o nome já sugere, é a inversão total, a busca máxima do sociopsicodrama: colocar-se no lugar do outro. Não para concordar com ele, mas para identificar e "sentir na pele" o ponto de vista desse outro. A inversão de papéis é mais do que uma técnica dramática, é uma atitude ligada à visão filosófica da abordagem. Durante a inversão, o curso da ação continua, porém as duas pessoas tomam o papel uma da outra e passam a desempenhar o que, até aquele momento, era seu papel psicodramático complementar.

Solilóquio – Já o **"solilóquio"** é uma técnica oriunda do teatro (Pavis, 2008, p. 366) e definida como um aprofundamento do monólogo na qual o personagem fala consigo mesmo, meditando sobre questões psicológicas ou morais de modo diretamente audível para o público, mas criando a ilusão de que não é ouvido por seus pares em cena. No sociopsicodrama, o solilóquio permite ao diretor, na vigência de uma "dramatização", uma comunicação direta entre a subjetividade do personagem e os outros participantes (diretor, personagens, atores, egos-auxiliares e plateia) por meio da formulação verbal, em voz alta, do conflito. A potência cênica reside na suspensão do "tempo dramático", acompanhada de uma instrução, por parte do diretor, de que essa fala seria inaudível aos outros participantes da cena. Portanto, a fala não pode ser usada diretamente como se tivesse sido ouvida, mas será absorvida na cena de alguma maneira, pois é uma conscientização dos rumos da ação. De fato, no TR, dado que se constitui como uma "teatralização" e, portanto, sem interferência direta do diretor, essa técnica surge como no teatro: um código de comentário de pensar alto ou de conversar diretamente com o público enquanto pensa, tornando claro, por recursos teatrais, que os outros personagens não terão conhecimento do que foi dito quando a cena retomar seu curso.

Entrevista – O solilóquio se diferencia da técnica de "**entrevista**", pois aqui a direção dialoga, pergunta e comenta, enquanto o personagem expressa seus sentimentos. Embora sirva para elucidar racionalmente alguma questão, esta técnica deve ser empregada na "dramatização" de maneira breve, pois, caso contrário, desaquece o grupo todo, visto ser muito verbal. A entrevista no TR não é utilizada em cena, mas somente antes da improvisação, para esclarecer a narrativa à equipe e à plateia.

Duplo – A técnica clássica do "**duplo**" aparece quase como uma sombra que expressa, em geral, a emoção do personagem. Uma ampliação do duplo poderia ser um coro de vozes colocado atrás do protagonista, repetindo falas ou sons para enfatizar certa emoção (**duplo amplificado**). Na "dramatização", o diretor posiciona um ego-auxiliar próximo ao personagem (central ou não) a ser duplificado e aquele busca a maior sensibilidade e sintonia possível com o personagem, modelando seu gestual conforme o dele e tentando dizer coisas que está sentindo como personagem, coisas que não estão sendo ditas e, tal como no solilóquio, seriam ouvidas apenas pelo próprio personagem. No TR, essa é uma técnica convertida em código estético, que batizamos carinhosamente de "**sombrinha**" (Nemenz, 2012). Um ator/sombra se posiciona atrás ou ao lado do personagem que representa o narrador e expressa sentimentos e pensamentos ocultos num jogo de cena com ele ou com a plateia. Essa técnica pode ser realizada por dois ou mais personagens/sombra, caracterizados como anjinho e diabinho, por exemplo. Ou, em outra possibilidade, dois personagens conversariam e cada um possuiria sua sombra, as quais mostrariam o que subjetivamente se passa no personagem/referência. De fato, a técnica possibilita muitas variações dentro dessa estrutura, como várias sombrinhas de um personagem só ou uma sombra de vários personagens etc.

Interpolação de resistência – Essa técnica é introduzida pelo diretor numa "dramatização" para provocar uma modificação imprevista e repentina no curso da cena, exigindo dos personagens uma nova forma de desempenhar o mesmo papel. Muitas vezes, a "**interpolação de resistência**" é realizada pela introdução de um ego-auxiliar, visando quebrar um desempenho estereotipado do protagonista. Poderíamos dizer que o uso de quaisquer das técnicas provoca, de certa forma, uma interpolação de resistência na "dramatização", pois sempre buscam mudar o curso da ação dramática, principalmente quando ela se torna repetitiva. No TR, ela surge quando a cena, ao ser improvisada, busca uma inversão do que foi contado pelo narrador ou alguma modificação radical de ponto de vista. Por exemplo, a cena pode ser contada pelos ego-atores do ponto de vista do contrapapel. O objetivo aqui poderia ser uma ampliação para o narrador, ou, no caso, de narradores que são tão espetaculares contadores de história que já fazem sua leitura enquanto narram, não sobrando muito para os ego-atores a não ser uma perspectiva muito diferente da que já foi usada para narrar.

Na linha da interpolação de resistência, poderíamos encontrar no TR outra técnica utilizada em cena que chamamos carinhosamente de "**deusinho**". Ela é inspirada no *Deus ex machina*[41]

---

[41]. Definida como uma solução mágica, enviada pelos deuses ou, no teatro grego, concretamente por uma máquina, com fatos novos e desconhecidos do público, que resolvem a tragédia (Pavis, 2008, p. 92-93). Aristóteles (1990, compilação de obras) diz que se trata de um "recurso utilizado para que personagens entrassem e saíssem de cena de modo fantástico. Simulavam-se, assim, voos, desaparecimentos misteriosos, aparições inesperadas".

do teatro, no qual um ator, em geral vestido claramente com um figurino simbólico, com máscara e capa, por exemplo, congela cenas ou entra quando elas estão congeladas e conta aberta e diretamente ao público as interferências que fará para mudar o curso da ação. Como o narrador já relatou os fatos, o público sabe quais modificações são fortuitas, que dificilmente poderiam ser intencionalmente provocadas, a não ser por uma "intervenção divina". A ideia, nesse caso, poderia ser quebrar o peso da idealização que o narrador faria de coincidências mágicas ou de destinos fatalistas e trazer uma pitada de senso de humor e direção para a cena, que aqui se tornará uma saga de fatos, uma cena épica. A técnica também pode ser usada, eventualmente, apenas para narrar uma grande saga, com requintes verbais intercalados com cenas especialmente farsescas.

Entre as técnicas consideradas não clássicas temos a concretização, o desdobramento do eu e a maximização.

Concretização – Uma emoção ou sensação passa a ser um personagem. Na cena, esse personagem se comunica (se o fizer) em geral somente com o personagem dono da emoção ou, no máximo, com outras emoções do mesmo dono. No TR, é igualmente convertida em uma técnica estética, dando vida antropomórfica a emoções, pensamentos ou objetos que expressem coisas relevantes mencionadas pelo narrador, como uma geladeira a ser comprada, ou seu medo de errar, incorporadas por um ator com expressões e até falas durante a cena. Nesse caso, busca-se descentrar o olhar do ponto de vista do narrador, e iluminam-se novos conteúdos da cena/narrativa, destacando os aspectos simbólicos e metafóricos. No TR, a "**concretização**" poderia ser chamada de **personificação** de objetos, emoções ou animais.

Desdobramento do eu – Ou, como Menegazzo, Tomasini e Zuretti (1995, p. 76) o chamam, "duplo múltiplo", técnica na qual dois ou mais "eus" contracenam, representando aspectos do mesmo indivíduo. No TR, essa multiplicidade é simbolizada por inúmeras tendências de um mesmo personagem, por exemplo, amarradas em um único tecido, ou mesmo uma conversa entre dois aspectos dele, realizada por dois ego-atores diferentemente caracterizados em uma cena simbólica. Imaginando que de fato somos constituídos por variadas tendências que aprendemos a chamar de eu, e tentamos unificar os movimentos subjetivos que nos habitam, assim como os vários personagens que dentro de nós exigem uma ação por vezes contrária a outras, poderíamos chamar essa técnica do TR de "**feixe de tendências**".

Maximização – Exagero de uma expressão surgida na "dramatização" que parece dar uma pista da emoção condutora de transformações importantes da ação dramática. Pode ser uma mão tamborilando os dedos ou mexendo nervosamente num anel. No TR, são equivalentes a isso várias técnicas teatrais provenientes do repertório artístico cênico, que, mais do que exagerar um gesto, destacam-no, por uma limpeza cênica de outros gestos ao redor, mais "neutros"[42], e, por contraste, mostram a repetição. Pode ocorrer também o exagero de um personagem em relação aos outros, de maneira simbólica ou realista. O importante é que, como a cena já foi narrada, não são necessárias "dicas" de como ela continua, pois o público conhece o enredo. Contudo, é preciso chamar a atenção para trechos destacados pelo narrador ou pela equipe. Podemos chamar a isso de **moldura**. Os gestos do narrador ao contar a sua cena na entrevista inicial também podem ser trazidos para a improvisação de forma diluída ou destacada.

---

42. Coutinho (1993, p. 106) usa a ideia de neutralidade na comunicação gestual, embora admita que nada seja neutro de fato, dizendo que, cenicamente, um gesto realizado de maneira suave, em "tom pastel", produz relevo na comparação com tons e cores mais fortes, ao discorrer sobre consciência corporal.

Estéticas – considero estéticas, na "dramatização", todas as interrupções realizadas pela direção que busquem melhor entendimento da cena pela plateia. Por exemplo, para que uma só cena seja vista e ouvida de cada vez, congelam-se as outras cenas concomitantes. Outro exemplo poderia ser solicitar que o protagonista fale mais alto ou se coloque de frente para a plateia. No caso do TR, todas as cenas estão plenas de linguagem cênica, pelo conhecimento de recursos do teatro artístico por parte dos ego--atores, principalmente o conhecimento do efeito cênico grupal do elenco, distribuindo-se no espaço cênico, criando imagens plásticas belas[43] e fortes metaforicamente. Portanto, não há por que nomear como uma técnica o que faz parte do preparo de atores e é próprio do teatro.

No entanto, vale criar uma nomeação técnica para a parte musical do trabalho. O músico pode ressaltar o tema, contrapor--se a ele ou contar uma "historinha" para abrilhantar a canção que executará em seguida, inspirada na narração. Não sou especialista em música e, portanto, apenas denominaria genericamente a técnica musical algo como **seresta improvisada**.

Já o direcionamento do tema do TR se dá por meio do aquecimento inicial, conduzido pela direção utilizando jogos ou outras atividades. Cada passo do trabalho encaminha e desenvolve o tema e uma ligação interpessoal e grupal densa, até que o grupo se encontre pronto para voltar-se novamente para cada um, em sua individualidade e subjetividade, levando consigo o CCS e o CICS do grupo. Isso é atingido por meio da recordação de cenas pessoais, em que há uma sugestão direta, ligada ou não ao tema ou a cenas específicas. É importante ressaltar que cenas não relacionadas ao tema sugerido podem surgir e serão igualmente acolhidas, pois a metodologia prevê que, se surgiram, é porque estão ligadas aos temas protagônicos do grupo.

---

43. Belo aqui entendido como experiência estética e não necessariamente como bonito.

Os temas protagônicos são os assuntos nucleares que atravessam e concentram os interesses do grupo, consciente e inconscientemente. Um ou mais temas principais são desencadeados pelo aquecimento e se combinam com os movimentos CCS e CICS, resultando um terceiro fluxo de interesses que pode advir até mesmo de um embate entre os temas provenientes dessas origens. Evidentemente, estamos supondo um fluxo grupal como algo aprofundado a partir do que foi combinado inicialmente entre todos os participantes da intervenção, mas composto por muitos e individuais movimentos não homogêneos entre si, às vezes nem mesmo harmônicos. Contudo, apresentam um objetivo comum e, portanto, um esforço conjunto, enquanto o diretor conseguir liderar compreensivamente a regência desses movimentos em direção à potência do grupo, procurando incluir todos os participantes.

Para facilitar a visualização, poderíamos resumir que a intervenção acontece em três macroetapas, subdivididas, ainda sem detalhamento, em:

1. Um aquecimento junto da plateia, no qual o tema prévio, quando há, é sugerido para a escolha das cenas a ser recordadas. Antes disso, porém, podem ser utilizados variados jogos e técnicas que aqueçam o diálogo entre representação e plateia. Entra aqui a técnica clássica de aquecimento do PBT, as "esculturas fluidas", completadas com outras técnicas, como o "camarim vivo[44]".

2. As cenas recordadas surgem a partir de uma concentração individual, de olhos fechados. Um narrador conta sua cena e senta-se para assistir à remontagem combinada pelos ego-atores, que a representam aprofundando os temas. As músicas tocadas e cantadas pelos ego-músicos ilustram o tema e mantêm a emoção do grupo.

---

44. "Camarim vivo" é uma técnica criada pela autora especialmente para este método, detalhada mais adiante.

3. Um compartilhamento de emoções, de cenas recordadas e não encenadas e de ideias reflexivas sobre o assunto enriquece a discussão sobre o tema, orientada pela direção.
4. Poderá haver mais uma etapa, nesse caso cognitiva, se o objetivo do trabalho for alinhavar dessa maneira determinado tema. Poderá ser colocado em foco até mesmo o entendimento da própria metodologia TR, ou outro tema, como a aprendizagem ou a resolução de conflitos do grupo, da instituição etc.

A INTERVENÇÃO – AMBIENTE

O Teatro de Reprise é uma metodologia que poderia ser considerada intimista e artesanal, sendo desejável um ambiente preferencialmente fechado para sua realização, com boa acústica. A experiência em ambientes dispersos, como festas, ou após uma comemoração com bebidas alcoólicas, dificulta a concentração exigida pelo método e, portanto, seu processo.

Quanto mais o clima for aconchegante e íntimo, melhor para os objetivos do trabalho a ser desenvolvido. Em termos de áudio, a não utilização de microfones é inviável com grupos muito grandes ou com idosos, por exemplo. O uso do microfone para a direção, a música e a plateia em casos especiais é necessário; no entanto, cria uma espécie de degrau auditivo que, quando a montagem se inicia, faz que o ouvido, acostumado ao não esforço, tenda a estranhar a fala dos ego-atores, que em geral não usam microfones. No caso dos ego-atores, o microfone é usado excepcionalmente quando o ambiente dispersa muito o som, como num ginásio de esportes, por exemplo. Ainda se poderia recomendar que a encenação fosse mais gestual do que falada, pois, quanto mais artesanal e menos eletrônica for a linguagem, mais ela se aproximará do clima intimista e aconchegante pretendido pelo método. Algumas experiências mostram que mesmo o TR realizado com públicos de até 500 pessoas permite a criação de um clima igualmente aconchegante (Rodrigues, 2005).

O palco pode ser apenas um espaço, um tablado, ou um palco convencional de auditório ou teatro. O importante é verificar se a plateia consegue ver e ouvir bem tudo o que ocorre em cena, e se existe espaço suficiente entre as cadeiras de tal forma a não desanimar os narradores em se levantar para contar suas cenas. Caso a visão da plateia seja plana, os atores devem ter o cuidado de não realizar cenas em plano baixo[45]. O palco pode dispor de iluminação mais sofisticada, com canhões de luz. Se esse for o caso, é necessário cuidar para não fazer sombras desnecessárias ao fundo. Quando a luz for fria, a equipe deve se esforçar mais para expressar as emoções, pois a encenação perde impacto emocional, assim como no teatro. A plateia deve estar iluminada, assim como o palco, pois ele participa ativamente da intervenção. No entanto, a iluminação da plateia pode ser mais branda do que a do palco e dispor do recurso de diminuição da luz, para o momento de fechar os olhos.

Uma intervenção do TR dura entre uma hora e meia e duas horas e meia. O tempo determinado previamente que se mostrou mais adequado e frequentemente utilizado é duas horas. Essa duração deve ser acertada antes com o público, para que ele usufrua de todas as etapas em clima relaxado e o objetivo seja atingido, sem que ninguém fique aflito por ter de sair antes do encerramento.

O ambiente emocional é basicamente de acolhimento, respeito e não julgamento, como no PBT e em qualquer sociopsicodrama, como já foi descrito. Um *setting* calmo com mínimas interferências externas, como barulhos ou comida à disposição dos participantes. Porém, o ambiente pode ser alegre e não sisudo, a não ser que o tema pretenda provocar no público um clima

---

45. Plano baixo – pessoas deitadas no chão; plano médio – pessoas ajoelhadas ou sentadas; plano alto – pessoas em pé (nomenclatura usual de atividades corporais).

mais denso. Porém, corre-se o risco de interferir na vinculação com a equipe se esse clima for estabelecido desde o início.

Para tornar mais clara a ambientação do TR, utilizo o conceito desenvolvido por Dalmiro Bustos e Noseda de *cluster*, ou "cacho de papéis", que já foi mencionado como criação de Moreno, o qual divide os vários cachos de papéis em três categorias:

- O *cluster* 1, ou primeiro cacho, é o que descreve melhor esse clima emocional do TR. São os papéis ligados a atividades que envolvam certa maternagem, como aluno, cliente, espectador (Bustos e Noseda, 2007, p. 156). Papéis que requerem um saber receber e têm como referência os papéis mãe e filho.
- O *cluster* 2, ou segundo cacho de papéis, portanto, está ligado ao limite, à norma, à paternagem. "Se a capacidade de gerar fatos, ideias está relacionada com as experiências maternas, a capacidade de canalizá-las, dar-lhes forma é função do *cluster* 2" (idem).
- O *cluster* 3, ou terceiro cacho de papéis, é o fraterno, ligado aos pares. São os papéis que possuem um nome apenas para designá-los, como irmãos, colegas, amantes, cônjuges, vizinhos etc.

Portanto, faz parte do clima de trabalho do TR constituir a ambientação do *cluster* 1, para que haja um grau de entrega dos participantes tal que eles possam ativar os dois outros *clusters*. Essa ativação busca estimular a participação não só como plateia, na atitude passiva de "receber" a encenação da equipe de ego-atores e ego-músicos, que é principalmente função do *cluster* 2, mas também como narrador, numa atitude de recontar sua própria história. Durante toda a intervenção e sobretudo ao final, pretende-se ativar o *cluster* 3, como uma possibilidade de troca entre pares. O compartilhamento é um momento privilegiado de pertencimento e o lugar da descoberta do grupo como organismo, como um só nome, pois todos contaram a história do grupo ali presente.

ETAPAS DETALHADAS

Recordando, as bases da metodologia das práticas do sociopsicodrama clássico estão construídas em um tripé:

- **três etapas** – aquecimento, ação dramática e compartilhamento;
- **três contextos** – social, grupal e dramático;
- **cinco instrumentos** – diretor, ego-auxiliar, protagonista, palco e plateia, e pela **realidade suplementar**.

Como também já vimos, isso vem sendo ampliado e alterado por alguns autores, grupo no qual me incluo. Porém, é sempre bom lembrar que a referência, mesmo dos novos pesquisadores, é a 5-3-3, como é conhecida.

Já a metodologia do TR, como uma modalidade de sociopsicodrama, possui procedimentos específicos e diferenciados, justificando que detalhemos cada momento relativo à intervenção. Considero possível dizer que essa é uma modalidade que busca incluir o grupo e dar-lhe voz, por meio de uma linguagem marcadamente estética e poética. O sociopsicodrama clássico não enfatiza o aspecto artístico, pois a potência do trabalho reside na dor de um paciente, no sofrimento de uma relação ou no tema a ser aprendido. Realmente, o TR ressalta a dor e o aprendizado pelo viés de uma ressonância estética, valorizando o que há de artístico no próprio sociopsicodrama. Poderia, por outro lado,

Figura 4. Teatro de Reprise, uma modalidade brasileira de sociopsicodrama com ênfase no estético e no poético.

ser considerado uma modalidade de teatro convencional/artístico também. Ou melhor, o TR é uma intersecção entre o que é comum a ambos.

Dessa maneira, o TR oferece a oportunidade de trabalhar com a riqueza da arte diretamente associada à riqueza da abordagem do relacional humano, como demonstra a Figura 1. Ambos trabalham com grupos, pois o coletivo é o território conjunto do sociopsicodrama e do teatro.

Nesse sentido, o preparo da equipe e a compreensão do olhar contidos nessa metodologia são bastante importantes. Qualquer intervenção é precedida de preparações técnicas, ao longo do tempo, e de preparações específicas para determinado evento. Particularmente no TR, as preparações são, em alguma medida, desconhecidas de quem trabalha com sociopsicodrama clássico ou com teatro. Por esse motivo, detalho as etapas do processo, incluindo os passos preparatórios e os posteriores da equipe para a intervenção, correndo algum risco de ser um lugar-comum em dado momento para ambas as áreas. Contudo, quem é de teatro não sabe alguns procedimentos sociopsicodramáticos e quem é de sociopsicodrama também desconhece procedimentos correntes teatrais. Então, arrisco explicitar o óbvio juntamente com o novo.

Porém, algumas considerações relevantes devem ser feitas antes do detalhamento. É importante que se diga que uma trupe de TR deve optar por essa ser sua principal fonte de sobrevivência ou não. A frequência de ensaios e o perfil dos integrantes da trupe diferem muito se possuem outras profissões como sustento ou se vivem de TR, especialmente no Brasil. Descreverei o trabalho no qual mais acredito e desenvolvo, que é uma equipe cujos membros possam sobreviver de outras profissões e realizar, em seu planejamento, intervenções beneficentes ou abertas, além daquelas pagas por empresas, instituições ou terceiro setor. Essa é uma questão básica para determinar o perfil dos integrantes e o número de encontros e ensaios. Os grupos que conheço com esse perfil optam em geral por uma noite de ensaio semanal e previsão de algum tempo livre ou remanejamentos na vida profissional para intervenções e ensaios extras. Além disso, pelo menos a cada seis meses, passam por um *workshop* de imersão num final de semana inteiro. Esse perfil apresenta também um elenco de pessoas com *expertises* diferentes que precisam aprender sobre as áreas que não dominam. A riqueza está nas diferenças entre seus membros.

Essa maneira de funcionar permite à equipe aceitar apenas convites de intervenções que se alinhem ideologicamente com os princípios éticos e de valorização dos limites da metodologia. As funções administrativas são distribuídas de tal forma que não sobrecarreguem seus membros e, ao mesmo tempo, não centralizem demais o poder, embora me pareça fundamental para a longevidade do grupo ter liderança e coordenação de um ou mais membros. Há funções que devem ser distribuídas, como divulgação, produção, reuniões com contratantes, elaboração de material eletrônico ou gráfico, relatórios, propostas comerciais, escala de elenco, anotação das intervenções, coordenação de ensaios, manutenção do acervo do grupo, entre outras. Obviamente, preparar materiais como esqueletos de propostas comerciais ou planilhas de anotação com os itens que ao longo do tempo forem considerados importantes de ser anotados facilita muito o trabalho, ainda que esse material deva constantemente ser atualizado.

Uma equipe de TR não é uma consultoria e, portanto, deve trabalhar em conjunto, em algumas ocasiões, com consultores terceirizados ou de dentro da instituição demandante do trabalho. O grupo poderia também optar por ter um ou mais membros *expertises* nessa área. Todavia, esse é um trabalho que pode ser pensado de modo integrado, porém deve ser muito diferente da metodologia que não se propõe a resultados numéricos e estatísticos, por exemplo.

VISÃO GERAL DAS ETAPAS DO TEATRO DE REPRISE

Pré-intervenção

- *Aquecimento prévio da equipe:* Ensaio geral/Desenvolvimento técnico-teórico; Ensaio específico/Mobilização pró-intervenção; Providências estruturais, administrativas e logísticas.
- *Aquecimento da equipe no dia:* Aquecimento vincular da equipe; Aquecimento individual de cada membro da equipe (corporal e afinação); Orientações da direção: instruções, mudanças, informações; Composição do ambiente físico.

Intervenção

- *Aquecimento vincular com foco na plateia (acolhimento, estabelecimento do vínculo e constituição da grupalidade):* Recepção (músicas, fantasias, *performances*); Apresentação formal da equipe; Combinados com a plateia/Contrato coconsciente (apresentação do projeto de trabalho do dia, explicações, objetivos e convocação à corresponsabilização); Conhecendo a plateia e criando ou recriando o ser grupal – CCS e CICS (desenho de pequenos grupos; mapeamento, sob algum critério; o que temos em comum; jogo(s) dramático(s); *performances* já preparadas, interativas ou contemplativas).
- *Aquecimento dramatúrgico da plateia (preparação para o rito iniciático de encontrar o conflito):* Fase descristalizadora (flexibilização por meio de iniciadores físicos, mentais e expressivos verbais e corporais; aquecimento do papel de dramaturgo/jogos dramáticos); Narração de "causos", interferências em *performances* (foco: individual, coletivo, redes, corpo, espaço e o que mais demandar ser "flexibilizado" ou reconhecido); Fase dos códigos teatrais como mediadores de linguagem entre equipe e plateia (linguagem cênica – aquecendo os ego-atores e ego-músicos e o diálogo entre eles –, esculturas e sequências fluidas – ressonâncias estéticas, transformando a emoção

CONTINUA ▶

CONTINUAÇÃO ▶

em ação cênica); Fase de mergulho no conflito – preparação específica para a ação, aquecimento para a entrada no conflito (fantasia dirigida/memória regredida: tema, cenas, cena específica, local, com quem, quando, desfecho do conflito/trama; compromisso individual/resolução intencional: fortalecimento do contrato coconsciente e coinconsciente com integração dos dois).

- *Ação dramática (encontro com o conflito):* Ritual de acolhimento do narrador ao convite: "Quem quer contar a primeira cena?"; Decisão (se houver mais de um voluntário para narrar); Ciclo de diálogo intercênico com instantes protagônicos: primeira, segunda, enésima narrativa com entrevista, combinação concomitante às canções, encenação/teatralização, comentário do narrador, ritual de agradecimento do narrador e próxima narrativa.

- *Compartilhamento e comentários:* Síntese da direção (leitura, captando o percurso grupal por meio das cenas); Compartilhamento da plateia e da equipe: cenas recordadas e não contadas e compartilhamento propriamente dito; Encerramento: responsabilização, palavras de cada um, eventualmente algum fechamento com dança, música, imagens etc.

- *Etapa opcional:* Reflexão teórica; Reflexão sobre o próprio grupo (processamento ou algum tipo de aprendizagem).

Pós-intervenção

- *Imediatamente após, apenas com a equipe.*
- *Ensaio posterior (elaborar e refazer as cenas, discussões e providências estruturais, administrativas e logísticas).*

ETAPAS DO TEATRO DE REPRISE (*MODUS OPERANDI*)[46]

PRÉ-INTERVENÇÃO

Aquecimento[47] prévio da equipe

Antes de cada intervenção, a direção faz um plano, desenvolvido com a equipe (ego-ator(es) e ego-auxiliar(es), se for o caso, e ego-músicos). O plano pode estar praticamente pronto ou apenas esboçado. A equipe de trabalho deve ter segurança de que não haverá mudanças do tipo "puxadas de tapete". Ou seja, a direção pode criar novidades diante da demanda do trabalho, com um grau de liberdade e confiança tal que sempre seja possível experimentar algo que não esteja programado ou nunca tenha sido feito, mas cuidando para que não desoriente a equipe.

Esse plano é resultado de uma série de ações, a saber:

- Ensaio geral/Desenvolvimento técnico-teórico: Os ensaios seguem normalmente com experiências, montagens de cenas do próprio grupo e de convidados ou aprimoramento de cenas já realizadas pela equipe, exercícios de escuta de narrativas, de consciência corporal, técnicas teatrais, discussões teóricas. Nos ensaios sem foco definido, quando surge a demanda de uma intervenção, são entremeadas conversas e decisões sobre o evento específico. O trabalho deve ser aceito? Por quê? Que sentido tem para a equipe? É compatível com a agenda? Eventualmente, a liderança pode julgar isso de acordo com parâmetros já estabelecidos pela equipe.

Verificam-se as disponibilidades de agenda individuais e a resolução da escala para o dia, segundo *expertises* e composição

---

46. Privilegio no texto o trabalho com adultos por ser esta a minha maior experiência.

47. Importante lembrar que "o processo de aquecimento manifesta-se em toda e qualquer expressão do organismo vivo, *na medida em que este se esforça no sentido de um ato*. Possui uma expressão somática, uma expressão psicológica e uma expressão social" (Moreno, 1987, p. 106).

geral. Por exemplo, se for o evento em uma escola, a equipe, preferencialmente, terá entre seus membros alguém ligado a essa área. Se for um trabalho diagnóstico, deve dispor de um membro da área "psi" entre os ego-atores. Ou ainda, se o espaço físico for grande, deve escolher um ego-músico com qualidades vocais e de relacionamento com o público mais habilitado ao contexto. A equipe mínima para uma intervenção é de quatro ego-atores, um ego-músico e um diretor. Entretanto, ela pode e deve ter mais elementos, para que as escolhas possam abarcar essas possibilidades e outros imprevistos. Quatro ego-atores parecem ser um mínimo que resulta melhor em cenas e combinações entre elas. Os ego-músicos eventualmente também podem se desdobrar em um que toque e outro que cante ou podem ser vários, dependendo do local. O diretor é único. No entanto, as equipes tendem a se acomodar com o mesmo diretor ou diretores, pois a direção exige conhecimentos e habilidades que nem todos possuem, principalmente para eventualidades, como alguém da plateia entrar em crise. Entretanto, penso ser importante que haja rodízios e experimentações, para que a equipe mantenha o frescor e a dinâmica das relações descristalizadas, além de prepará-la para novas lideranças. Não há um número máximo de integrantes em cena, mas o bom senso indica observância ao ambiente: quantos conseguem se escutar numa combinação de cenas, que os ego-músicos não se atrapalhem entre si e haja certa liderança entre eles a cada intervenção. A liderança pode ser recomendável também entre ego-atores, mas, nesse caso, não é uma condição *sine qua non*. A partir dessas condições, ocorre um ensaio específico, precedente ao evento, em que todos os membros escalados estejam presentes. O cronograma pré-evento é:

- Ensaio específico/Mobilização pró-intervenção (mobilização do coinconsciente da equipe): No caso de temas prévios, ajuda muito que haja conversas, cenas, esculturas do imaginário do grupo dentro do universo compartilhado sobre o assunto. Também é importante o que é chamado na área corporativa de *briefing*[48], ou seja, a demanda do próprio cliente, dita por ele mesmo ou definida pela equipe. No caso de um tema livre, o ambiente e os assuntos de interesse da equipe podem inspirar a criação de um tema desencadeador.

- Providências estruturais, administrativas e logísticas: Em geral, são realizadas fora dos ensaios.

Aquecimento da equipe no dia

Conforme a divisão de tarefas, o grupo pode organizar seu aquecimento na ordem que achar melhor. A organização no dia deve ser realizada uma hora e meia antes, já no local. Porém, às vezes, o local não está disponível com essa antecedência. A equipe, nesses casos, pode se reunir em local próximo e aquecer-se como grupo (etapa de vinculação da equipe).

- Aquecimento vincular da equipe (estado aquecido de vínculo): A trupe tem um vínculo prévio e o fato de estar junta na hora e meia anterior ao trabalho propicia naturalmente essa função. Há um momento de dar as mãos, olhar uns nos olhos dos outros e acolher os novos, como se faz no teatro antes de iniciar uma peça, ou numa equipe de esporte de grupo. Palavras de ordem inspiradoras ou músicas podem ser bons símbolos ritualísticos para o grupo concentrar-se e recordar a parceria já existente. Na impossibilidade desse ritual, os músicos podem propiciar uma cantoria junto, estimulando assim o CCS e o CICS da equipe.
- Aquecimento individual de cada membro da equipe (corporal e afinação): O diretor pode convocar a equipe, para que cada um aqueça seu corpo e sua voz, alcance o volume do som

---

48. *Briefing* é um conjunto de informações coletadas em uma reunião ou num documento pelo prestador de serviços, usadas para desenvolver um trabalho. Ele deve ser a base para a criação de um roteiro de ação para solucionar o problema do cliente.

relativo ao ambiente, verifique a amplitude de movimentos que o palco permite etc. Porém, em outros momentos, cada membro deve se aquecer e os ego-músicos afinarem os instrumentos musicais.

- Orientações da direção (instruções, mudanças, informações) – Em algum momento, a direção pode dar instruções específicas, caso alguma mudança tenha ocorrido desde o último ensaio.
- Composição do ambiente físico – Em geral, o TR acontece em ambientes desconhecidos para o grupo, e nem sempre é possível saber com antecedência detalhes sobre o local. Para adaptar o ambiente ao tipo de trabalho, frequentemente há necessidade de acomodação, como arrumação de cadeiras da plateia e da iluminação. Igualmente importante é a organização do material cênico da equipe, como figurino e adereços, e disposição dos instrumentos e dos equipamentos de som (microfone) e vídeo (filmadora), se houver. É preciso também reservar um lugar na plateia para o narrador, marcando duas cadeiras, por exemplo, com um grande tecido. Tudo isso é cuidado para que, ao começar o trabalho, mesmo que haja limitações no local, a equipe se sinta o mais à vontade, aquecida e tranquila possível para focar apenas na intervenção.

Figura 5. Lugares para o narrador. Grupo Improvise. Projeto Psicodramas Públicos do CCSP, sala Adoniran Barbosa, 23/10/2010.

INTERVENÇÃO

Aquecimento vincular com foco na plateia (acolhimento, estabelecimento do vínculo e constituição da grupalidade)

Tal como no sociopsicodrama clássico, o aquecimento visa concentrar a atenção do público para criar um contexto grupal. Mesmo que a plateia já se constitua como grupo, o objetivo é distinto das atividades habituais daquele grupo e, na intervenção, uma nova equipe de profissionais passa a fazer parte daquele grupo anterior, o que exige um novo acordo de funcionamento, o CCS. No sociopsicodrama clássico, esse momento é chamado de aquecimento inespecífico, permanecendo assim nomeado quando se inicia então a etapa de aquecimento dos atores, que delineia mais detalhadamente os personagens que entrarão em cena. Somente aí começa o aquecimento específico, o qual pressupõe um contexto grupal tal que decisões coletivas possam ser tomadas e, portanto, certa dramaturgia legitimada pelos participantes possa ocorrer. Como inespecífico é exatamente tudo que não é específico, prefiro uma definição direta. Portanto, nomeio a primeira etapa pelo seu principal foco, que é estabelecer um vínculo entre as pessoas presentes.

A proposta é criar códigos coconscientes e ativar os coinconscientes, de tal maneira que passem a vigorar num campo télico durante o evento e permitam que outros códigos coinconscientes da cultura daquele grupo se desvelem, por meio das cenas, ou permeiem uma fluência grupal significativa. Ou seja, o aquecimento privilegia aquilo que, ao ser compartilhado, no sentido de viver junto, promova experiências não racionais e emoções compartilhadas e singulares àquele grupo. Procura-se nesse trabalho uma sensação de pertencimento de cada indivíduo. Essa é uma tarefa que exige principalmente habilidade, sensibilidade e conhecimento por parte do diretor, acolhimento do grupo pelos outros profissionais e um ambiente físico que favoreça um clima íntimo. Ou seja, a mobilização dos papéis do *cluster* 1 ou cacho 1: de saber receber.

Recepção (músicas, fantasias, performances)

É desejável que a plateia entre no recinto toda ao mesmo tempo, para que possa ser recepcionada pela equipe com músicas já previamente escolhidas sobre o tema do dia ou com alguma *performance* também tematizada. Isso nem sempre é possível. Pode-se, então, recorrer a alguma atividade que envolva quem já está sentado na plateia esperando o início da intervenção. Essa atividade pode ser um aquecimento corporal dos atores, uma música conhecida do público ou um jogo da equipe, que desperte o interesse. O essencial é que as pessoas se sintam acolhidas e que se crie um clima grupal enfatizando a importância especial do auditório para o TR, visto que dele depende o enredo da intervenção. O acolhimento também é fundamental para garantir uma colaboração e uma coconstrução absolutamente voluntárias e livres de pressões. Por terem objetivos diferentes, a entrada do público é diferenciada de uma entrada de teatro, e, como já foi mencionado, o diretor no TR está em cena e tem um papel especial nessa mediação. Ele toma a palavra e recepciona formalmente a plateia.

Muitos recursos podem ser usados nessa etapa, como: dança circular, em que um focalizador[49] conduz uma dança conjunta realizada em roda, favorecendo climas animados e de realização de tarefa coletiva; música, já há muito utilizada por psicodramatistas, que vai desde sons e músicas gravadas até percutidas em instrumentos, no chão ou no próprio corpo; textos escritos literários, poéticos ou dramatúrgicos; pequenos jogos.

Apresentação formal da equipe

O diretor apresenta cada membro da equipe e a si mesmo pelo nome. Esse momento descontrai até os públicos mais tímidos, que agora sabem que podem bater palmas, por exemplo. Em alguns ambientes, cabe dizer mais do que o nome dos integrantes.

---

49. Termo específico usado em danças circulares sagradas para designar o condutor da dança.

Combinados com a plateia/Contrato coconsciente (apresentação do projeto de trabalho do dia, explicações, objetivos e convocação à corresponsabilização)

O diretor conta do que se trata o trabalho que será desenvolvido, já que é um teatro diferente do que o público em geral conhece. Há casos em que ele não conhece nenhum teatro – tenho realizado TR em vários lugares em que muitas pessoas infelizmente nunca foram ao teatro e, portanto, não têm nenhuma referência teatral, apenas televisiva. Contar o trabalho quer dizer mencionar que se trata de improviso e não há um texto prévio, além de ressaltar que a participação é desejável, porém livre. Essa apresentação deve ser breve.

Conhecendo a plateia e criando ou recriando o ser grupal – CCS e CICS (desenho de pequenos grupos; mapeamento, sob algum critério; o que temos em comum; jogo(s) dramático(s); performances já preparadas, interativas ou contemplativas)

A ordem de ações nessa etapa do trabalho pode mudar, desde que os objetivos de vinculação, contrato e adensamento do CICS sejam atingidos. Portanto, inserem-se aqui várias ações que poderiam ser realizadas, algumas escolhidas previamente e outras decididas pelo diretor no momento da intervenção. Ele faz um contrato claro de corresponsabilidade sobre a intervenção e garante que todos se sintam incluídos e responsáveis pelo evento.

O diretor então procura **mapear** o grupo, questionando quem já conhece o trabalho, quem faz teatro ou quem tem ido assistir a alguma peça. O público responde em geral erguendo as mãos ou se levantando do lugar onde está sentado, podendo acrescentar observações verbalmente. Outros mapeamentos são possíveis, conforme o objetivo da intervenção, tais como: quem é de alguma região, quem é de algum setor da empresa, quem costuma participar dos eventos promovidos pela organização, quem tem filhos etc. O sentido dessas perguntas já direciona o tema do encontro, buscando, estrategicamente, mostrar ao próprio grupo certas concentrações de membros. Conforme o caso, poder-se-ia perguntar quem está de sapato vermelho, gerando uma brincadeira gostosa para o grupo descontrair, por exemplo. O importante aqui é que os critérios de mapeamento estejam alinhados com os objetivos e nunca excluam ou constranjam os membros da plateia. Portanto, ninguém deve ficar sem pertencer a algum grupo mapeado. O diretor pode conferir abertamente, ao final, se todos foram incluídos.

Também nesse aquecimento poderia ser encenada uma breve *performance* teatral para desencadear o tema. É importante que, se o grupo optar por algo ensaiado, que seja curto e bem realizado, do ponto de vista teatral. A qualidade do que é improvisado pode perder contornos estéticos, porém não há muito sentido em apresentar algo pronto e ensaiado que não esteja rigorosamente cuidado, expressivo e emocionante. Emocionante, aqui, pode querer dizer incomodativo, pois prepara para a fase descristalizadora, a seguir. Acolher o grupo com respeito e alegria é fundamental; no entanto, em certa medida, já devem ser introduzidos elementos, em maior ou menor grau, conforme a plateia, que promovam alguma disrupção.

Até aqui, o TR se assemelha a quase todas as modalidades de sociopsicodrama, e já poderíamos imaginar o diretor pedindo para alguém se levantar e andar ou algo físico, como seria habitual em um trabalho mais clássico, buscando essencialmente ambientação e preparação do papel de ator da plateia. Porém, o público não faz o papel de ator nessa metodologia, e esse procedimento sociopsicodramático mobilizaria alguma emoção e depois causaria frustração, por a plateia não entrar em cena. Portanto, a estratégia de mobilização da emoção do grupo deve ser pensada como especial. O grupo pode levantar e fazer atividades físicas, como se juntar em pequenos grupos para discutir um tema ou até criar uma cena para ser apresentada – porém, recomendo que isso seja feito apenas no caso de se dispor de mais que duas horas de intervenção. Nesse caso, a direção cuidaria para que, da mesma maneira como o grupo se mobilizou fisicamente, alguma atividade a seguir vá diminuindo a excitação e levando a plateia para algo mais suave e introspectivo.

Quando são realizadas *performances* da equipe, uma das opções é deixar o final em aberto e pedir à plateia que o complete e tente resolver algum problema criado pela encenação. Um exemplo disso poderia ser um grupo de personagens que se diz da opinião "azul" excluir outro personagem da opinião "amarelo", no caso de a intervenção desencadear o tema da inclusão/exclusão social e, portanto, da pressão de grupo. A plateia pode tentar resolver o problema, entrando como ator ou pedindo ajuda a outros atores, para que o amarelo brigue por seu lugar, finja ter virado azul e depois tente influenciar a todos para virarem amarelos, e assim por diante[50].

Alguns jogos dramáticos podem também ser usados como alternativa, nesse momento de vinculação e desenvolvimento de confiança da plateia, em respeito ao conteúdo que ela expressa, para que perceba que será respeitada e tratada com preparo e delicadeza.

Um dos jogos dramáticos que nasceram a partir da experiência com TR foi o **"desatando e atando nós"** (Rodrigues e Coutinho, 2009), criado para que grupos se beneficiem de uma integração inicial anterior ao trabalho que será desenvolvido. Logo após a apresentação da equipe, dos objetivos e eventualmente do mapeamento, a direção estimula os participantes a se apresentar por meio do que têm em comum e diferente uns dos outros, pedindo que completem as frases: "Nós fazemos…", "Nós somos…" ou "Nós queremos…". A ideia central é criar um clima

---

50. Essa *performance* foi realizada pelo Grupo Improvise e, na ocasião, foi mostrado à própria plateia que a resposta é uma questão complexa, que amplia possibilidades pela experimentação.

de participação e clara construção conjunta de quem são essas pessoas presentes. Assim, o grupo/público se apresenta à equipe e a si mesmo: "Nós ganhamos mal, mas nos divertimos. Nós atendemos ao telefone. Nós fazemos projetos e os realizamos. Nós vendemos seguros. Nós levamos bronca do chefe". Toda frase dita é repetida pela direção, o que garante que todas sejam claramente ouvidas, uma de cada vez. A equipe pode ajudar a não perder nenhuma fala. Nesse caso, ela cumpre a função de ego--auxiliar. A potência do "Nós", colocado no início da frase do que cada um é, explicita o grupo como coletivo. Nesse momento, cada um exerce o direito de ocupar sua parte legítima no todo do grupo, por meio da pontuação de seu lugar.

O jogo pode ser complementado pelos ego-atores, acrescentando uma representação mímica de improviso às falas. Os participantes dizem, por exemplo, "Nós operamos caixas" e os ego-atores atuam como se estivessem em uma cirurgia. Ou ainda, "Nós dependemos do câmbio", quando se trata de gerentes de importação, e um ego-ator pode representar a fala fingindo mudar a marcha de um carro. Enfim, a brincadeira descontrai e sensibiliza pelo lúdico. Além disso, ela incentiva a participação, estimulando o grupo/público a falar mais para "ver" o que os atores farão. Este vai ficando à vontade, enquanto ativa a atitude de distanciamento crítico sobre o que gostaria que fosse diferente na sua história. Por exemplo, se o grupo, representado por um participante, constata durante o jogo um conformismo excessivo, uma obediência apática diante da autoridade, poderá começar ali mesmo a modificar essa atitude. Quando uma pessoa diz, por exemplo, "Nós obedecemos muito" ou "Nós gostaríamos de dizer mais o que pensamos", surge um coinconsciente com certas características grupais que propicia uma potência para transformação, como também uma aliança entre iguais, na dor ou no prazer. Isso acontece mesmo com grupos formados ao acaso e sem histórias em comum, pois a cultura, a cidade, o país, o planeta sempre poderão ser as referências de transformações que se buscam no coletivo.

O jogo "desatando e atando nós" é muito simples, mas exige da direção muita atenção e segurança em seus princípios socio-psicodramáticos de inclusão e de busca da estimulação do grupo/público a aprofundar-se em si mesmo. A mescla de informações objetivas e subjetivas deve atingir um equilíbrio para que o jogo seja encerrado e a próxima etapa da intervenção siga. Também ajuda na conscientização da potência que é viver em grupo, em que as diferenças podem ser acolhidas como construtivas, como riqueza, gerando flexibilidade, reflexão e aumento na possibilidade de questionamento pela diversificação dos olhares para o mesmo objeto.

Aquecimento dramatúrgico da plateia (preparação para o rito iniciático de encontrar o conflito)

Fase descristalizadora (flexibilização por meio de iniciadores físicos, mentais e expressivos, verbais e corporais; aquecimento do papel de dramaturgo/jogos dramáticos); Narração de "causos", interferências em performances *(foco: individual, coletivo, redes, corpo, espaço e o que mais demandar ser "flexibilizado" ou reconhecido)*

A partir de certo momento – por exemplo, depois do jogo "Desatando e atando nós" –, algumas técnicas ou intervenções podem ser usadas para preparação do público, visando mobilizar a disposição de relatar cenas de suas vidas, consolidar o contexto grupal e direcionar para o tema, se houver.

O que se pretende é que o papel psicodramático de dramaturgo e também o de contador de histórias de cada um sejam despertados. Moreno divide os papéis em três tipos: sociais, psicodramáticos e psicossomáticos. Os papéis psicodramáticos são da categoria do imaginário, fundamentais para o desenvolvimento tanto dos papéis sociais quanto do indivíduo como um todo. São papéis que, no limite, jamais serão desenvolvidos de fato no contexto social, como o de duende, ou de astronauta, ou mesmo de pai, caso a pessoa nunca poderá sê-lo. Esse momento da metodologia, portanto, busca um papel psicodramático de dramaturgo ou de contador de histórias que talvez nunca se converta em papel social. Moreno chamava de "criaturgia" o ato do(s) emergente(s) grupal(is) de criar um enredo e, ao mesmo tempo, representá-lo no palco sociopsicodramático. Aqui, porém, o(s) emergente(s) grupal(is) permanece(m) como plateia e, portanto, se mantém(êm) autor(es) e narrador(es). Quem vai ao palco apresentar suas sensações, recordações, sentimentos e pensamentos sobre sua cena são os ego-atores e os ego-músicos.

Uma das técnicas de aquecimento para esse papel psicodramático poderia ser o **"camarim vivo"**. Utilizar essa técnica antes das "esculturas fluidas" pode ser uma boa estratégia, pois propicia um clima descontraído para falar de coisas sérias. O "camarim vivo" se constitui de um convite à plateia para que entre no espaço de representação – o palco – e crie personagens, esculpindo posições nos atores e produzindo um figurino. Os atores ficam inertes, como bonecos, à disposição dos escultores, e o público escolhe um personagem para criar. A utilização dos figurinos e adereços da equipe é disponibilizada livremente.

Essa é uma técnica que, ao descontrair bastante, permite a alguns participantes que nunca subiram em um palco soltar a fantasia. A possibilidade de mexer nos materiais cênicos coloridos tem se mostrado uma grande atração, por ser uma brincadeira gostosa. As pessoas contam geralmente que se sentem como crianças. Os atores ajudam esses participantes, decodificando suas intenções para a criação. Essa técnica funciona especialmente bem em grupos muito contidos, como os da área corporativa.

O "camarim vivo" pode ser tematizado ou não: podem-se montar personagens dos clientes externos ou internos da empresa, personagens engraçados da consultoria que as empresas convidadas utilizam, políticos duvidosos, uma atendente de serviço de saúde bem burocrática e descompromissada, ou qualquer outro personagem que caiba.

Depois de pronta a imagem, ela é apresentada pelos ego--atores, um a um. Eles podem se movimentar e até contracenar, se a direção achar que isso vai ajudar a aquecer o grupo. Aqui, podem surgir personagens como o bedel de uma escola em um trabalho de planejamento pedagógico, ou um agressor de mulheres num ambiente de prevenção à violência doméstica. O importante é que os personagens colocados em cena sejam propositalmente estereotipados, para que sejam tratados com maior proximidade. Três ou quatro pessoas trabalham em um único personagem, enquanto outras três ou quatro, em outro. O restante da plateia que não subiu ao palco torce e ouve música "neutra", depois de serem alertados de que, se não forem ao palco, assumirão que os colegas resolverão a situação por eles. Assim, garante-se que o que for desenhado pelos voluntários não será criticado ou julgado, pois poderia ele mesmo, o crítico, desenvolver outra ideia mais a seu critério.

Figura 6. "Camarim vivo". Grupo Improvise. Projeto Psicodramas Públicos do CCSP, sala Adoniran Barbosa, 10/6/2007.

Outros jogos e técnicas podem ser utilizados, sempre buscando descontração, acolhimento e coerência com o tema, se houver. Está entre essas técnicas o que chamo desde 2001 de **"roda indígena"**, especialmente concebida para o Teatro de Reprise de Sonhos, que ajudava o grupo a entrar num estado de consciência diferente daquele do cotidiano, mais próximo ao sonho. Em experiências com o TR e já na formação do segundo grupo, descobri que, se as pessoas entrassem num relato de seus sonhos, o estranhamento da linguagem onírica diminuiria. A ideia se inspira na reunião de algumas tribos dos nossos índios brasileiros, que contam entre si seu dia, seus sonhos, em roda, e partilham suas experiências diárias, em clima de naturalidade e confiança. Portanto, a técnica é usada para construção de um clima de intimização e pertencimento. Os participantes são convidados a contar sonhos, "causos" vividos ou crendices populares. O clima de algo irreal permeia a técnica, propiciando que os participantes sintam-se à vontade para falar em grupo de algo menos lógico. Esse discurso coletivo vai "puxando" outras narrativas, que ligam as ideias racionais às imaginativas.

Dessa maneira, esse jogo ou outros desse tipo permitem muitas e ilimitadas possibilidades de preparar os participantes aos papéis de dramaturgo ou de contador de histórias. É a criatividade do diretor que determina quais delas serão colocadas em ação, desde que tenha claros o objetivo a atingir e uma maneira prazerosa de fazê-lo.

Fase dos códigos teatrais como mediadores de linguagem entre equipe e plateia (linguagem cênica – aquecendo os ego- -atores e ego-músicos e o diálogo entre eles –, esculturas e sequências fluidas – ressonância estética, transformando a emoção em ação cênica)

A integração entre o racional e o emocional propicia uma entrada mais focada na linguagem cênica, que é estranha para muitos públicos. A plateia pode conhecer teatro, mas, em geral, desconhece os bastidores de como criar cenas. Nos trabalhos com crianças, as etapas certamente seriam diferentes e mereceriam um estudo à parte, já que elas vivem aquecidas e espontâneas, brincando de linguagem cênica naturalmente.

Uma das técnicas mais usadas no TR, assim como no PBT original, é criação de Jonathan Fox: as **"esculturas fluidas"**. Muito útil e quase que indispensável nesse tipo de intervenção, essa ferramenta pode ser descrita como um instantâneo cênico de alguns segundos da expressão de emoções, atingido por intermédio de alguns passos anteriores. Em primeiro lugar, o diretor solicita que a plateia diga emoções, relativas ao que estão sentindo (sentimento mais do que sensações) naquele momento ou ao tema do dia. Essas emoções podem se relacionar ao modo como vieram para o evento ou como se sentiram durante determinado trabalho realizado anteriormente. Podem também se relacionar ao próprio sentimento de contato com a metodologia.

Figura 7. "Escultura fluida" 1. Grupo Improvise. Projeto Psicodramas Públicos no CCSP, sala Tarsila do Amaral, 5/11/2011.

Cada emoção é dita por apenas uma pessoa de cada vez, depois um pouco detalhada pela direção. Logo a seguir, é realizada a escultura. De posse da informação sobre a emoção a ser "esculpida", os ego-atores e ego-músicos se inspiram e criam plasticamente um resultado cênico. Um dos ego-atores, que se encontrar mais aquecido para aquela emoção, se desloca à frente e principia movimentos e sons repetitivos. Os outros ego-atores vão entrando, então, um a um, reunindo-se em torno do regente da ação e compondo outros movimentos e sons que deem um sentido compatível com o que o dono do sentimento descreveu e deseja ver. O elenco deve procurar uma boa ocupação no palco e explorar os vários planos – alto, médio e baixo –, de tal forma que a imagem possa ser vista como um todo coerente e, ao mesmo tempo, diversificado. O ego-músico faz sons incidentais compatíveis com a imagem e, em alguns casos, rege ele mesmo a finalização da ação. Contudo, o mais frequente é que o ego-ator regente da ação, quando percebe que já se formou algo com sentido, congele seu movimento e faça todos congelarem também, com a maior sincronia possível. Essa imagem expressiva é a própria escultura, parada e plena de emoção e significado. Os objetivos da técnica

Figura 8. "Escultura fluida" 2. Grupo Improvise no V *Workshop* do Pet Química. Teatro: porque se expressar é uma arte!!! Auditório Pau-Brasil Icmoc. Instituto de Matemática e Estatística, USP, 6/11/2011.

são aquecer os ego-atores e criar um elo entre eles e a plateia, de modo que ela incorpore a linguagem cênica e aprenda como será o diálogo entre eles dali para a frente. É desejável que a plateia desenvolva uma sensação de que contar e falar de si seja algo fácil, aceito e simples. A complicação ou as dificuldades devem ficar a cargo dos profissionais que estão preparados para dar vida às suas emoções, os ego-atores e ego-músicos.

Existem variações da "escultura fluida" clássica. Uma delas, que funciona muito bem, é a sequência de ações exibindo diversas fases ou facetas daquela emoção que se busca expressar: a **"sequência fluida"**. Nela, o ego-ator 1 se coloca de um dos lados do palco e inicia um movimento repetitivo. O ego-ator 2 entra do lado do 1, recebe o movimento, fazendo um novo, e completa o anterior. Assim os próximos ego-atores vão entrando do lado do anterior e passando para o próximo a ação desenvolvida de maneira destacada por cada ego-ator. Todos permanecem repetindo o próprio gestual adotado, enquanto uma ideia vai sendo construída e desenvolvida.

A ideia muitas vezes é a de um pacote que vai sendo passado e transformado até o final, resolutivo ou não, da ação dramática. O final, em geral, é dado com frequência pelo regente musical, pois o primeiro ego-ator não pode prever como a ação vai terminar, e o

Figura 9. "Sequência fluida" 1. Grupo Improvise, auditório do Colégio Bandeirantes, 8/10/2011.

último a entrar é o elemento menos aquecido. O ego-músico então fecha a cena quando "sentir" que a mensagem chegou à plateia.

Fase de mergulho no conflito – preparação específica para a ação, aquecimento para a entrada no conflito (fantasia dirigida/memória regredida; tema, cenas, cena específica, local, com quem, quando, desfecho do conflito/trama; compromisso individual/resolução intencional: fortalecimento do contrato coconsciente e coinconsciente com integração dos dois)

Considero essa etapa equivalente à de aquecimento específico do sociopsicodrama clássico. Ela começa na fantasia dirigida e culmina na narrativa da cena que será musicada e contada.

Nessa etapa, que não existe no PBT, o diretor solicita à plateia que feche os olhos e se sinta o mais confortável possível. Sugere, de maneira calma e pausada, que cada um perceba silenciosamente o que está sentindo no momento. A clareza é fundamental, já que as pessoas devem seguir as instruções somente pelo que ouvem, sem recursos visuais. No caso de deficientes auditivos, não é possível o fechar os olhos, pois um tradutor da linguagem de Língua Brasileira de Sinais (Libras) deve dar as instruções por sinais.

O diretor segue pedindo que cada um nomeie essa(s) emoção(ões) e sensação(ões) que encontrar em si mesmo. Impulsionados então por essa emoção, sugere que deixem que lhe ocorram recordações: *flashes* de cenas vividas, que vão se sucedendo, sem avaliação mental sobre elas. Em dado momento, o diretor pede que cada um seja "escolhido" ou "apanhado" por uma única cena. Explica que, mesmo que a cena lhes pareça tola, dramática ou ridícula, é ela que se impõe, e recomenda que não "briguem" com ela.

Pressupõe-se que a condução seja pouco racional e permeada fundamentalmente pela emoção presente na pessoa e emanada do grupo (CCS e CICS), em função do aquecimento. Também são pedidas cenas e não histórias. A ideia é que a dramaturgia seja mais resolvida, pois se trata de um fenômeno, do modo que aconteceu e foi vivido, objetiva e subjetivamente, pelo narrador.

A experiência com a metodologia mostrou que, se são pedidas histórias, surgem, em grande parte das vezes, cenas inventadas e com uma dramaturgia no geral muito básica ou de difícil compreensão, dado que não são dramaturgos profissionais. A dramaturgia da cena realmente ocorrida, com ou sem elementos inventados, se mostrou mais complexa e estética, além de conter a integração da emoção vivida na época com aquela surgida enquanto o narrador relata a cena.

A instrução nesse instante é que a cena seja detalhada a ponto de recordar quem estava nela, qual o clima emocional, onde ela se passou, em que época (ano ou idade), textura, cor etc. Os verbos usados cuidadosamente no passado ajudam alguma pessoa distraída a reiterar que se trata de uma cena passada e vivida. Um título pode ser colocado nessa cena, para ajudar a nomeá-la subjetivamente. Uma instrução[51] importante é dada ainda para que cada um se consulte e verifique se gostaria de ver essa cena realizada pelos ego-atores ou preferiria guardar só para si o que recordou. A última instrução é de que não se prive da cena por esbarrar na questão de que, revelando-a publicamente, poderia se constranger ou a alguém conhecido. A direção oferece a solução da realidade suplementar, sugerindo que a cena possa ser maquiada, com pitadas de imaginação, para ser contada. Isso não é falta de transparência, e sim mudança de alguns elementos para que seja mais importante sua cena do ponto de vista do tema protagônico do que da pessoa referida nela. Abrem-se então os olhos. Todas as instruções dadas devem ser entendidas como sugestões.

Sugestão e indução nesse caso caminham juntas, pois, quando há um tema prévio, o diretor pode incluir em suas instruções

---

51. Os psicodramatistas costumam usar a palavra "consigna", pois historicamente recebemos o sociopsicodrama dos argentinos e, portanto, o uso do espanhol permaneceu no jargão. Porém, eu prefiro usar a palavra "instrução", em português mesmo, pois me sugere melhor o sentido.

alusões ao tema. Mencionar as situações que vivemos relacionadas ao tema pode gerar recordações importantes naquele determinado grupo de pessoas que convivem com as dificuldades e alegrias do *briefing* passado anteriormente (em geral por um representante oficial). Por exemplo, se o tema for o tempo, sugestões de cenas em que o tempo correu muito rápido ou lento demais, ou sobre como anda sua organização com o tempo, entre outras, podem ajudar a dar referências a cada dramaturgo/sonhador/imaginador em sua cadeira solitária nesse momento.

Se o tema for alguma dificuldade do grupo que já possui uma história juntos, sempre se devem sugerir/induzir cenas em que essa dificuldade é superada ou cenas de integração grupal. Frequentemente, a busca de cenas éticas, de integração ou de superação de dificuldades faz que o grupo se alimente da própria história, além de dar visibilidade a lideranças mais saudáveis. O narrador que conta uma cena ética – por exemplo, num ambiente no qual a ética vem se perdendo – nesse momento pode se transformar numa referência de sucesso, por ter se levantado e se exposto com coragem.

É muito importante que se diga que, mesmo existindo um tema prévio, o TR não deve "levar um recado" do contratante nem ter a princípio uma resposta pronta para o que vai acontecer, embora tenha uma metodologia estruturada. Da mesma forma que a intervenção não deve permitir manipulações para um resultado sem imperfeições, também não se submete a qualquer outro tipo de manipulação. Isso quer dizer que o contratante pode ter uma ideia preconcebida do que acha que o grupo-alvo precisa. O tema pode ser encomendado e resolvido anteriormente, nascido de uma pesquisa realizada pelo setor de recursos humanos da empresa ou simplesmente do que a organização acredita faltar a seus funcionários, alunos ou comunidade. Essa avaliação interessa à equipe, seja ela obtida por qualquer método, como inspiração e base de negociação do trabalho. Porém, a investigação verdadeira de um grupo deve envolver o próprio grupo e representá-lo, ou seja, deve propiciar, por intermédio da metodologia, sua liberdade de "negociar seus planos" (Moreno, 1992, p. 214) e destinos.

Portanto, o tema inspira o trabalho, mas não determina o resultado. O próprio processo, por meio do planejamento e da realização, mostra do que de fato o grupo em questão precisa e para o que está aberto. Finalmente, ainda pode indicar quais são os temas necessários e pertinentes no momento atual.

Induzir, no caso da fantasia dirigida, significa ajudar a localizar suas cenas e, com uma instrução dada de maneira tranquila, clara e acolhedora, potencializar o tema ou a liberdade de se abrir para o tema protagônico do grupo, já encaminhado a essa altura. Significa também que qualquer movimento, percebido pela direção nesse momento ou mais frequentemente na fase posterior, pode mudar completamente os rumos da direção. O guia do diretor é sempre o que o grupo/plateia tem a dizer e não o que a empresa, instituição ou mesmo a maioria da plateia gostaria que se dissesse.

Quando as pessoas abrem os olhos, a direção então oferta o espaço para que alguém conte a primeira cena. Esse pode ser um momento ansiógeno para diretores iniciantes na metodologia ou mesmo para os contratantes da intervenção, pois alguns segundos podem se passar antes que alguém se disponha a levantar a mão, principalmente em ambientes mais formais. Porém, é certo que nesse instante há vários enredos presentes e de grande importância para as pessoas que os detêm. Basta que um narrador reúna coragem, ousadia ou até ansiedade para partilhá-los com todos. Portanto, deve-se esperar com calma o surgimento da primeira cena. Ela virá.

Ação dramática (encontro com o conflito grupal)
Ritual de acolhimento do narrador ao convite: "Quem quer contar a primeira cena?"

No sociopsicodrama clássico, esse seria o momento de iniciar a dramatização, pois o cenário, os personagens e o desenho da primeira cena já estariam prontos. A direção apenas começaria a cena com um simples: "Vamos começar".

No TR, no entanto, as cenas já estão prontas, com começo, meio e fim, pois foram recordadas em seus detalhes, com os narradores de olhos fechados. São várias cenas diferentes, com seus cenários, personagens e conflitos. Na melhor das hipóteses, todos da plateia têm uma cena ou poderiam ter. As cenas estão prontas, mas ocultas, por meio da fantasia dirigida, momento em que as pessoas se concentram em sua subjetividade individual ao fecharem os olhos. A recordação das cenas se dá de maneira introspectiva.

Decisão (se houver mais de um voluntário para narrar)

Por que considero, nesse ponto da intervenção, que o TR não é parecido com o sociopsicodrama clássico, no qual se daria a eleição da cena protagônica, que carregaria a representação grupal, em ambos os casos? Os pressupostos que serão discutidos a seguir sobre adensamento do CICS indicam que qualquer cena seria representativa do coletivo em questão. Mas vamos tentar responder especificamente a essa pergunta.

Quando me especializei em Psicodrama Psicoterápico, nos idos de 1982, ainda se acreditava que poderia existir um "falso protagonista". Moreno nunca falou sobre isso, mas seus seguidores da época ensinavam que alguém que fosse mais carente ou chamasse a atenção do grupo para si e estivesse, por exemplo, se "exibindo" de maneira exagerada seria um falso protagonista. Disso se concluía que existiria um verdadeiro emergente grupal, "escondido" entre os participantes, que o diretor deveria descobrir quem seria. Com uma atitude que Féo chamou, condenando, de "detetivesca", para detectar o tema protagônico, também pressupostamente em estado latente, o diretor acharia o tal verdadeiro emergente grupal. Concordo que não haja, num grupo, nem um verdadeiro protagonista (narrador no caso do TR) nem um verdadeiro tema protagônico; logo, o diretor não descobre algo, apenas segue o grupo em seus movimentos.

O grupo é um organismo vivo e, como tal, conta com alguns movimentos provavelmente previsíveis e outros completamente imprevisíveis. Porém, a direção de uma intervenção tem como liderança um condutor seguro de seus conhecimentos teóricos e técnicos, mas aberto ao movimento que o próprio grupo desenvolve. Se surge alguém carente ou "exibido", creio que o grupo tenha produzido isso, e é função do diretor não excluir esse movimento grupal como o faria com qualquer manifestação individual no grupo, principalmente se essa pessoa polariza atenções construtivas ou destrutivas. Essa é a garantia de que se possa abarcar em algum momento o objetivo maior, que seria um dos instantes protagônicos da intervenção, ou seja, captar a atenção de quase a totalidade do grupo. Essa tarefa provavelmente é uma das mais difíceis quando se fala de grupo: como acolher o que diverge sem que o trabalho disperse para um caos. Entretanto, penso que trazer o movimento individual divergente para dentro do grupo dá certo trabalho de manobras inclusivas, mas provavelmente o enriquecerá no seu movimento de encontrar suas verdades. Se isso se disseminar, quem sabe não teremos menos professores expulsando alunos da sala de aula e sim tentando compreender o que esse movimento falaria desse específico grupo, do qual ele mesmo faz parte.

Portanto, acredito que quem levantar a mão para contar a primeira cena depois de um aquecimento grupal, como descrito anteriormente, levando em conta a sensibilidade da direção de saber quando transitar para a próxima fase, além de representativo, já estará legitimado pela plateia. Muitas vezes, ocorrem depoimentos no compartilhamento de que as cenas recordadas de olhos fechados divergiam das que foram encenadas. Ou muito mais tristes ou muito alegres, diferentemente de como caminhou o clima emocional do grupo. Portanto, o grupo como um todo seguiu um caminho e não outro. Ouvimos as cenas no final para incluí-las, mas o roteiro já foi traçado pelas duas ou três cenas narradas e encenadas. É importante destacar que o grupo inclui a todos, inclusive a equipe.

Evidentemente, pode ocorrer o desejo simultâneo em várias pessoas de contar uma cena, tornando necessária uma decisão, pois só é possível que um conte de cada vez. Então, algum critério deve ser usado para a eleição. Baseado na premissa de que todas as cenas são representativas e de que qualquer uma delas levaria ao diálogo grupal, o diretor do TR poderia até sorteá-las. Porém, como a plateia presente talvez se choque com um procedimento fortuito, a eleição pode ser baseada em cada um contar um pouquinho da sua cena, em pé, se forem poucos voluntários. No caso de serem muitos, apenas um título, ou uma manchete, que dê ideia do tema.

Portanto, acredito que todos os que levantam as mãos e estão dispostos a contar suas cenas pessoais carregam coinconscientemente o tema protagônico, e é por isso que quem não for eleito numa primeira votação não pode ficar reservado para a segunda cena. Depois da montagem da primeira cena, a plateia e a equipe já se encontram diferentes em comparação à primeira votação. É outro momento do diálogo entre cenas. Portanto, a eleição, se houver, deve ser realizada novamente para permanecer representativa do grupo naquele momento e os que desejarem se recandidatam.

Ciclo de diálogo intercênico num campo protagônico: primeira, segunda, enésima narrativa com entrevista, combinação concomitante às canções, encenação/teatralização, comentário do narrador, ritual de agradecimento do narrador e próxima narrativa

Inspirada no texto de Féo (2009, p. 89), utilizo algumas denominações introduzidas por essa autora no vocabulário sociopsicodramático para explicitar sua direção multidimensional, como já citado. Creio que algumas denominações atribuídas por ela coincidem com o que penso serem os objetivos e as buscas na metodologia do TR. Na verdade, não se trata exatamente de uma coincidência, já que Féo se inspirou, entre outras modalidades, no TR para desenvolver sua metodologia. Algumas vezes, dentro da direção multidimensional, utiliza-se parte da metodologia do TR como ferramenta para seu "pensar maiúsculo". Por exemplo, Féo, em seu método, prefere o termo **"ciclos"** em vez de etapas, pois eles têm uma alternância, feita conforme um julgar do diretor segundo sua experiência e sensibilidade. Portanto, nada se repete e é resolvido a cada momento. Já no TR, há ciclos repetidos e etapas.

A essa etapa do trabalho do TR, chamo de **ciclo de diálogo intercênico**. São ciclos repetidos que dialogam entre si. Ou seja, o ciclo mantém uma mesma estrutura de ações, quer seja: 1. convite para nova cena (com ou sem eleição entre cenas); 2. entrevista com o narrador; 3. música, enquanto os ego-atores combinam a cena; 4. apresentação da encenação; 5. breve comentário do narrador; e 6. agradecimento ao narrador. As repetições do ciclo (três, em média) só terminam quando, no cálculo do diretor, há apenas o tempo suficiente para a etapa final do trabalho. Esse ciclo repetido se configura como o clímax do TR, que por sua vez nasce do diálogo ativo com o aquecimento preparatório da formação do pensar grupal. O aquecimento prepara o grupo para o ritual de ouvir a cena relatada pelo narrador, ouvir a(s) música(s) inspirada nela e vê-la significada pela equipe.

Correndo o risco de falta de modéstia, reproduzo um trecho do capítulo de Dedomenico e Fernandes sobre as práticas que consideram "emergir no cenário contemporâneo". Os autores advertem que as descrevem pelo que produzem neles. Discorrendo sobre TR, penso que falam de maneira muito especial desse momento ápice do trabalho:

> Histórias contadas pela plateia são representadas dramaticamente por um grupo de ego-atores-autores e músicos, cujo compromisso se dá mais com a emoção presente no relato do que com os fatos em si, revelando camadas

por vezes encobertas na cena narrada. O improviso e o despojamento dos atores, no caso do Grupo Improvise e de sua diretora Rosane Rodrigues, trazem uma estética espontânea que se aproxima da vida e homenageia o narrador, devolvendo-lhe uma alegoria de sua própria história. (*Apud* Nery e Conceição, 2012, p. 205)

O texto dos colegas mostra que há uma intervenção poética dos ego-atores e ego-músicos que está além do "pôr em cena". A ressonância estética da equipe é lida e significada pelo preparo, sensibilidade e potencial para transformar em metáfora um acontecimento muitas vezes cotidiano. Além disso, o pensar grupal desse momento busca um **campo intensivo focado**, o que Féo chama de **instantes protagônicos** (2009, p. 94). O surgimento desses instantes, com emoções intensas narradas pela plateia, é um forte indício da resultante da potência cênica que se estabelece com a leitura artística da equipe.

Mais um trecho do texto de Dedomenico e Fernandes (idem) falando do desenho desse momento:

O tom quase sempre bem-humorado das cenas, que por vezes riem da própria vida, o ritmo, a música, o camarim, os figurinos e adereços "quase carnavalescos" sublinham o risível e o patético da vida, ao mesmo tempo que subvertem e ampliam os sentidos da narrativa, permitem que o narrador e os demais integrantes da plateia espelhem seus dramas em tons mais artísticos.

O procedimento dos ciclos acontece em etapas:

1. Convite para nova cena (com ou sem eleição entre cenas), descrito na etapa anterior e semelhante agora, no início do ciclo.

2. Entrevista com o narrador.

O narrador, ao se voluntariar ou ser eleito, é convidado a ficar à frente da plateia, em pé, em geral de mãos dadas com o diretor, e relatar sua cena tanto ao público quanto à equipe que se posiciona sentada diante dele, de tal forma que acompanhe suas expressões. O motivo é mantê-lo em aquecimento corporal durante seu relato, enquanto sua emoção de recordar, de estar à frente da plateia e de ter sua mão sustentada pelo diretor da equipe o coloca no centro da ação dramática.

A direção, em primeiro lugar, pergunta o nome do narrador, mesmo que já o conheça. Essa é uma maneira de apresentar publicamente aquela pessoa pelo modo mais afetivo: sua identidade social. Então ouve, assim como a plateia, a narração, e vai ajudando-o com perguntas ou sínteses do que foi dito. Trata-se de uma estratégia do diretor de reiterar a narrativa ao público, se o narrador eventualmente falar baixo, ou de pontuar para a equipe aspectos que considerou relevantes para a montagem da cena.

O narrador tem total liberdade de contar sua cena, porém deve ser orientado, com habilidade, delicadeza e respeito a reduzir antecedentes históricos à cena, sem desmotivá-lo, no caso de se alongar perigosamente, com risco de desaquecer a plateia. À direção é recomendável construir uma possibilidade de cena mentalmente para que saiba quando a narrativa já está suficiente e faça a última pergunta ao narrador: "E o que você sentiu na ocasião que relatou?"

Claro que essa pergunta deve ser a última, mas a ligação com a equipe que ouve à sua frente deve ser tal que, se seu conhecimento lhe mostrar que ainda não estão prontos, pode continuar as perguntas ou, em certas ocasiões, verificar abertamente se algum dos integrantes da equipe quer fazer uma pergunta ao narrador. Essa é uma prática que quebra um pouco a magia estética da metodologia, portanto deve ser usada poucas vezes numa intervenção. A equipe também pode, discreta ou abertamente, comunicar ao diretor que estão prontos e não precisam de mais informações. Isso acontece quando algum membro da equipe tem um esboço de cena forte e não quer que o narrador forneça mais informações, as quais necessariamente teriam de ser incluídas ou mudariam o curso da ação pretendida pela equipe. Também pode acontecer quando nem a direção nem a equipe conseguem do narrador mais do que umas informações fragmentadas, não adiantando, portanto, perturbá-lo mais.

3. Música, enquanto os ego-atores combinam a cena.

Nesse momento, o diretor do TR, que não combinou nada com seus ego-atores, senta-se na plateia junto com o narrador, que foi convidado a assistir à sua cena do melhor ângulo em que pudesse apreciá-la. Dois lugares são previamente separados para esse momento. O diretor permanece ao lado do narrador, acolhendo sua emoção, até com um abraço, água, lenços de papel, para o caso de se emocionar, e só se levanta diante de alguma eventual providência rápida.

As canções que são cantadas e tocadas logo após a narração têm a função de manter o aquecimento da plateia, além de produzir mais subjetividade relativa ao tema protagônico. A ressonância estética aqui é um elemento de intensa comunicação com a plateia, especificamente com o narrador. Em minha experiência, a música conduz o grupo, pois é buscada de maneira intuitiva e, na maioria das vezes, provoca muita emoção no público. Assim, os ego-músicos também se comportam cenicamente, "jogando" com ele.

Essas músicas acontecem enquanto os ego-atores combinam, em três ou quatro minutos, a encenação que farão. A música, bem brasileira, entra como uma seresta, com melodia e letra. É escolhida dentre o vasto repertório do músico, um tanto pelas suas preferências de saber tocar e um tanto por pura intuição. Aqui entra um ingrediente cultural importante, junto com a música, que é a única arte que penetra diretamente no inconsciente.

No TR, a música é parte do trabalho e ocupa lugar de destaque. Ela também se encerra quando os ego-atores estão prontos.

Porém, a frase musical é terminada ou pode, conforme o contágio que tenha exercido na plateia, ser cantada até seu final. Penso que essa diferença em relação ao PBT se destaca pela ligação imediata que a metodologia estabelece com a cultura brasileira. Nem sempre a música é tocada e cantada inteiramente, pois a letra às vezes não é recordada pelo ego-músico. Contudo, se o público souber, pode completá-la, compreendendo seu sentido emocional. Se não conhecer a letra, o ego-músico pode arriscar um "lá-lá-lá" ou contar por que ela foi recordada nesse momento.

Figura 10. Música inspirada na cena narrada, enquanto acontece a combinação da encenação 2. Grupo Improvise. Projeto Psicodramas Públicos do CCSP, sala Adoniran Barbosa, 10/6/2007.

O exemplo de uma intervenção com tema das eleições 2012 para prefeito e vereadores ilustra o papel da música no TR. O narrador relata sua cena de 50 anos atrás, quando, aos 18 anos, foi ameaçado pelo chefe de que, se não passasse no vestibular, perderia o emprego de desenhista de automóveis. Ele conta que, a partir disso, saiu da escola rural e fez um cursinho para arquitetura. Sua cena tem ligação com a vivência forte de

CONTINUAÇÃO ▶

companheirismo do cursinho, ainda que houvesse a disputa do vestibular, tanto que a notícia de que tinha sido aprovado foi dada por um colega que não passou. Ele diz que foi colega de turma de Chico Buarque de Holanda, que iniciou o curso de arquitetura mas não o terminou. As músicas tocadas pelo ego-músico foram "Coração de estudante", de Milton Nascimento, e "Roda viva", de Chico Buarque de Holanda.

Essas músicas, ainda que antigas para a maioria do público, que era jovem, fizeram o narrador e boa parte da plateia se emocionarem.

Se, por algum motivo, não há ego-músicos disponíveis para uma intervenção de TR, a direção pode convidar o público para cantar canções inspiradas na cena. Se na plateia não há músicos, instrumentos de percussão simples podem ser usados por um grupo de percussionistas improvisados para acompanhar a cantoria ou até para fazer um som estranho interessante. Mais importante que a estética é a participação e a boa vontade de quem ajudou. As sugestões de canções são acolhidas e cantadas até o final para não serem apenas recordadas as músicas sem aprofundamento e a plateia não se desaquecer conversando sobre outros assuntos. Quando há músicos na plateia que se disponibilizem a tocar e/ou cantar, eles devem ser ajudados pelo diretor, pois não são treinados na metodologia e podem correr o risco de cantar algo que agrida o narrador ou ficar à mercê de uma plateia que sugira muitas músicas ao mesmo tempo e cuja voracidade os deixe atrapalhados.

Algo que merece registro, pelo teor inusitado, se passou durante minha estadia em Portugal, na vigência de minha bolsa sanduíche do doutorado. O grupo cuja direção assumi e que usa essa metodologia não dispunha de músicos no momento. Num dos trabalhos públicos que realizamos, que eles chamam de ensaio aberto, havia um deficiente visual total na plateia, que descobri tocar violão. Nesse dia, estava presente um músico convidado por mim, que, por não fazer parte do grupo, fechou os olhos durante o aquecimento com a técnica "fantasia dirigida" – algo que a equipe não deve fazer – e depois contou uma cena, tornando-se narrador. Por ser o narrador enquanto o elenco combinava a cena, ele emprestou seu instrumento ao deficiente visual, que nos brindou com um dos momentos mais emocionantes do dia. O novo músico trouxe a cultura portuguesa por meio da canção. A canção executada, além de manter o aquecimento, tocou uma pessoa da plateia que, no compartilhamento, deu um depoimento impressionante ligando a cena narrada à música. Disse que não contaria essa recordação se não tivesse ouvido aquela música, que era a mesma cantada na última noite de um refugiado de guerra, que levava consigo poucos apetrechos para a fuga, mas tinha dois copos, para receber alguém que aparecesse. Além dessas emoções e de estar numa cultura estranha, foi um grande desafio para mim dirigir a intervenção com um deficiente visual presente, pois nessa metodologia as cenas são feitas para ser essencialmente vistas.

Já a **combinação dos ego-atores** visa a uma ideia geral de enredo: se a encenação vai ser realista ou simbólica, como se inicia e como se encerra e quem vai fazer qual personagem dentro da concepção da montagem.

Há muita curiosidade das pessoas que participam de um TR sobre o que ocorre nesse momento e como é possível, em tão pouco tempo, os ego-atores apresentarem algo tão bom, de improviso. Quando a equipe não é permanente e, portanto, não preparada, o tempo de combinação em geral é bem maior do que com ego-atores profissionais, e também o resultado cênico perde em linguagem, embora ganhe em naturalidade e cumplicidade do público.

Condições fundamentais para o momento da combinação:

- Respeito e delicadeza com o narrador
Pressupõe-se que o narrador tenha generosamente ofertado uma parte de suas recordações para benefício do grupo e, portanto, não cabe de maneira nenhuma à equipe nenhum tipo de julgamento e, consequentemente, de conselho. A ênfase da encenação não pode indicar que o narrador eventualmente estaria errado ou certo. Equipes iniciantes frequentemente caem nessa armadilha.

- Preparo da equipe
A equipe deve estar preparada quanto ao tema do dia, à linguagem cênica e ao entendimento dos pressupostos sociopsicodramáticos, além, é claro, de ter realizado seu aquecimento corporal e vincular como grupo. Cada membro deve cuidar de si mesmo e avisar à equipe se naquele dia estiver com alguma dificuldade, para que os colegas possam compensá-la ou abrandá-la. Também os ego-atores devem ter treinado um tom baixo de voz para que, em alguns ambientes, a combinação não concorra com a música.

- Agilidade com as regras de funcionamento
O preparo da equipe inclui muitas combinações de cena, exercícios de escuta, assim como vários jogos de grupo para que, nesse momento, tenha já desenvolvido a agilidade necessária. Também é fundamental que existam algumas regras que sustentem a equipe; por exemplo, em meu grupo, uma das regras é: quem falar que quer fazer um personagem está imediatamente se comprometendo com ele. Ou seja, dizer o que quer é entendido pelo grupo como "Estou aquecido para esse personagem", e não há tempo para disputas ou para decidir se está aquecido ou não. Igualmente, um membro da equipe que disser que não pode fazer o personagem é imediatamente acolhido como não estando

aquecido ou tendo algum impedimento, que depois explicará qual seja. É indicado que os membros da equipe façam ou tenham tido um trabalho de consciência pessoal, como psicoterapia, consciência corporal ou algo semelhante, pois atuar com pessoas provoca misturas subjetivas, transferências complicadas. O momento de uma intervenção não é apropriado para resolver as próprias questões traumáticas, embora se possa beber dessa fonte para inspirar a cena do narrador. É importante que se diga que a combinação deve ser ágil, mas não pode ser ansiosa para terminar rapidamente.

- Seguir a concepção cênica

A ideia ou as ideias embrionárias de cena são abertas ao restante da equipe de ego-atores, em voz baixa, e todos julgam entre os embriões de cena por qual caminho ela seguirá ou, se só houver um único caminho, partem para o restante da concepção da cena. Uma disputa nesse contexto traria uma grande perda de tempo e de qualidade. O conflito pode ser discutido em momento posterior. Se houver possibilidade, integram-se ideias; porém, às vezes, elas são inconciliáveis. Nesse caso, quem teve a ideia em geral se comporta como um diretor de cena, pois domina a concepção dramatúrgica, que deve estar baseada no tema central do relato do narrador (tema protagônico). Os outros ajudam com contribuições em dimensões psicológica, técnica e até musical, caso algum dos ego-músicos esteja participando da combinação, o que é possível em equipes que dispõem de mais de um músico. Distribuem-se os personagens por aquecimento até onde for possível. Depois, os outros ficarão com os personagens restantes ou como suporte de produção da cena. Na seleção da equipe, recomenda-se que um dos ego--atores tenha formação psicoterápica, para ajudar a identificar o tema central da narração, e outro pelo menos que pense especificamente na linguagem cênica.

- Ligação com música

Se houver algo que os ego-músicos precisem executar, alguém da equipe de ego-atores fica responsável por fazer essa conexão. Ações possíveis seriam: pedir uma música ou um som em determinado momento da ação dramática; pedir ao ego-músico que entre como ator em certo momento; entre outras.

- Vestir o personagem

Depois da combinação, os ego-atores se vestem do personagem com figurinos sintéticos, ou seja, com um mínimo de vestimentas que condensem muitas informações. Por esse motivo, o figurino é composto, em sua maior parte, por tecidos sem forma definida, que permitem transformá-los em várias vestimentas. Também máscaras e adereços como chapéus, bolsas, luvas e echarpes ajudam e muitas vezes dispensam o uso de qualquer vestimenta, já que o uniforme da equipe é "neutro". O uniforme pode ser preto ou colorido, mas deve ser homogêneo. Sugerem-se o uso de maquiagem suave e a ausência de brincos, colares, pulseiras, relógios ou qualquer outro objeto que identifique o gênero ou a condição social do ego-ator e dispute informação com o personagem que ele desempenhará. É necessário utilizar sapatilhas e vestimentas confortáveis para que possam ir ao chão ou fazer qualquer movimento.

4. Apresentação da encenação.

A equipe deve ter um código previamente acordado para que, após a combinação pronta e os ego-atores "vestidos", o músico possa parar de cantar, pois ele em geral está de costas para os ego-atores. O mais importante é que isso seja feito com linguagem cênica, ou seja, que tenha certa estética. O diretor pode ajudar, pois está de frente para os atores, sentado ao lado do narrador.

O ego-músico então termina sua frase musical e dá lugar à cena. A partir daí, os ego-atores preparam, eventualmente, os elementos de cenário e apetrechos de cena como adereços de mão e iniciam a encenação. O ego-músico, durante a cena, realiza sons incidentais que a compõem, enaltecendo momentos de tensão, poéticos ou outros, além de sons acessórios como telefone tocando, batidas à porta e vozes do além.

Em nosso grupo, temos frequentemente um anotador fora de cena que transcreve como foi feita a montagem para estudos posteriores. As cenas podem ser realizadas de maneira realista, isto é, exatamente como foram contadas, ou de maneira simbólica. Em geral, a primeira cena de uma intervenção é realista, pois os ego-atores ainda estão se aquecendo, e a partir daí vão ficando mais simbólicas, com metáforas mais refinadas. Às vezes, são melhores sem palavras, pois os atores podem fazer sons inarticulados, e aí a cena não seria muda, com gestual claramente teatral e panos representando espaços, amarras, ligações etc.

Um exemplo de anotação de "teatralização" poderia ser a montagem da cena relatada anteriormente, do homem que precisou fazer faculdade de arquitetura e descobriu o cursinho:

Encenação: Breve cena de escola rural, com crianças. Corta para cena com três personagens "subindo", em mímica, uma escada de corda, cada um em sua escada; enquanto sobem, conversam sobre o cursinho. Nas falas, é evidenciado que um dos colegas sabe mais matemática do que o narrador, mas este desenha melhor (isso não foi contado na narração, e depois o narrador disse que era exatamente o que tinha ocorrido). Começam a andar na corda bamba. Um a um, os personagens vão "caindo" e o narrador é o único que fica. Um dos que caíram sai de cena e volta fazendo gesto de telefonar e avisando ao narrador que fora aprovado no vestibular. Vem à frente uma ego-atriz, com uma peruca de cabelos brancos, como o narrador é atualmente, e diz: "Eu não tinha a menor ideia do que isso significaria para mim".

Comentário do narrador: "Foi isso mesmo". E conta a coincidência de os ego-atores terem "acertado" uma história que não contou, pois o colega que o avisou sabia mesmo mais matemática do que ele.

CONTINUA ▸

CONTINUAÇÃO ▶

Conforme a combinação e a leitura que os ego-atores fazem da narração, a cena é realizada com o acento baseado no tema do dia, na emoção com que o narrador contou sua cena, na sensibilidade dos ego-atores e nas dicas do diretor, mas sempre buscando uma releitura significativa.

Outro exemplo de cena, da área corporativa, poderia ser:

A narradora conta ser proibido utilizar aparelhos MP3 na loja em que trabalha – e onde a intervenção está acontecendo. Um dia, ao voltar do almoço, rapidamente teve de assumir o caixa e esqueceu-se de guardar o aparelho. Apertou sem querer a tecla REC e gravou o restante do seu dia de trabalho. Ao chegar à sua casa e perceber o ocorrido, ouviu a gravação: sua atividade no caixa; a saída para o banco; o barulho da rua; a reclamação das pessoas na fila do banco; a volta à loja; seu retorno ao caixa; sua requisição pelo alto-falante para ir ao almoxarifado; seu retorno ao caixa; sua ida ao andar de cima para cuidar da área de marketing etc. Ao ouvir a gravação, ela percebeu como seu dia era corrido e como era grande sua capacidade de resolver tudo. Conta isso com muita satisfação e um pouco envergonhada.

Encenação: Um dos ego-atores faz o papel antropomorfizado de MP3 e é tratado com muito carinho pela ego-atriz que representa a narradora. Para mostrar como o dia de sua dona é corrido, ele grava tudo o que ela fez (as atividades na loja, sua ida ao banco etc.) e, quando chegam em casa, ele mostra a gravação a ela. A cena termina com a ego-atriz/narradora dizendo que agora ela tem consciência de seu esforço.

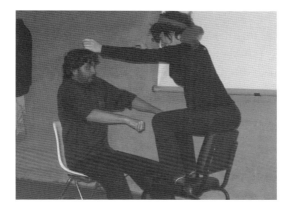

Figura 11. Cena inspirada na narração da vendedora da loja. Grupo Improvise. Evento DPSedes, anfiteatro do Instituto Sedes Sapientiae, 2007.

O tom mais para a comédia ou mais para o drama, em geral, é dado pela própria plateia e pelo diálogo entre cenas. Segundo minha observação, a tendência é de alternância entre cenas cômicas e dramáticas, como que para suportar a dor de alguns conteúdos muito fortes. Contudo, se isso não ocorrer com as cenas, os ego-atores podem aprofundar algum conteúdo que a plateia não está suportando e levá-lo para a comédia, ou o contrário, trazer senso de humor, de maneira respeitosa, para cenas muito fortes e trágicas. Existe até mesmo a opção, se a plateia parecer estar dando conta, de manter o clima da cena, mesmo muito forte, como é o caso do exemplo a seguir. Essa foi uma intervenção em um núcleo de prevenção à violência contra a mulher na periferia de São Paulo.

> A narradora conta que o pai bebia e batia na sua mãe. Ela dormia num beliche com a irmã e frequentemente a mãe passava pelo corredor correndo e gritando: "Acode! Ele vai me matar!" O pai corria atrás dela com um facão, dizendo que ia matar alguém! Ela cresceu ouvindo as

CONTINUA ▶

CONTINUAÇÃO ▶

ameaças do pai e tinha medo de que ele a matasse ou à mãe a qualquer momento. (Ela se emociona e pede desculpas por isso.) Conta que no dia seguinte às brigas o pai ia trabalhar como se nada tivesse acontecido. Relata ainda que ele às vezes era carinhoso, mas isso era muito raro, pois o clima era de medo e tensão na maior parte do tempo. A mãe falava que era normal, mas a narradora dizia que não, e achava que a mãe precisava pedir ajuda, fazer alguma coisa. Diz que hoje três irmãs estão solteiras e três irmãos estão casados. Ela não se casou, e hoje não há mais violência na família. Mas diz que ela deu seu grito de liberdade.

Encenação: Duas ego-atrizes representam a narradora e a irmã. Marcam a cama com panos no chão e, enquanto estão no quarto, ouvem a mãe sendo espancada pelo pai embriagado. A cena da surra acontece atrás de um pano erguido por uma ego-atriz e por um ego--ator, que em outro momento também faz o pai da narradora. Esse agride a mãe física e verbalmente. A mãe é representada por outra ego--atriz, que fica atrás do tecido gritando, mas não aparece. No palco (elisabetano), à frente, as "meninas" mostram o pavor, a impotência e o medo de morrer ou de ver a mãe morta pelo pai embriagado. Os gritos param em certo momento e o pai sai de trás dos tecidos como se fosse o dia seguinte, mostrando-se sóbrio no trabalho e cumprimentando a todos com um "bom-dia!", como se nada tivesse acontecido. Em seguida, ele chega novamente em casa embriagado e volta a bater na mãe (atrás do pano). Essa cena se repete três vezes, e na terceira ele corre atrás da mãe com um facão. A ego-atriz que representa a narradora vem à frente, como adulta, e diz que nada de mais grave aconteceu e o pai nunca matou a mãe. Ela, porém, deu seu grito de liberdade: "Não vai matar! Hoje, comigo? Nesta família, NÃO!"

Comentário: A narradora se emociona e nem consegue falar enquanto plateia a aplaude em pé.

Também vale mencionar outra encenação, a partir de uma intervenção realizada por ocasião da formatura de sociopsicodramatistas, na qual o aquecimento foi uma *performance* utilizando textos de Moreno sobre inclusão e um trecho da obra de Brecht, mesclados:

> A narradora conta que participou do projeto Rondon na década de 1970. Ela e um grupo de jovens foram para uma cidade pequena e ficaram num hotel da praça central. Toda a movimentação da cidade se concentrava ali. Do hotel, avistavam a rodoviária. Num dia em que estavam sentados em frente ao hotel, ela viu um homem jogar o líquido de uma garrafa sobre um cachorro. O homem riscou um fósforo e o jogou no cão, que pegou fogo. Ela não se lembra do que fez ao ver o acontecido. Diz que as coisas vêm piorando com o tempo, e hoje botam fogo em gente. Termina o relato dizendo que precisava colocar isso pra fora.
>
> **Encenação:** Ego-atores representam jovens alegres, vestindo roupas coloridas, falando com entusiasmo de estar participando do projeto Rondon. Eles comentam que podem mudar o mundo. Em determinado momento, a ego-atriz/narradora olha um ponto à sua frente, como se visse ao longe, e começa a descrever a movimentação suspeita de um homem. À medida que ela descreve o que vê, a cena ganha densidade. Ela para de falar no momento em que diz: "Ele tá acendendo um fósforo, ele…" A partir daí, os outros atores tiram as peças coloridas que ela usava enquanto um personagem, como um repórter, narra fatos chocantes acontecidos da década de 1970 para cá, terminando com "Um índio pataxó é queimado vivo em Brasília. O autor do crime é absolvido e trabalha para o governo". No decorrer da narração, a ego-atriz/narradora fica sozinha no palco, como se estivesse visualizando todos os acontecimentos narrados, mesmo os atuais. A cena termina com ela dizendo: "Eu precisava botar isso pra fora!"

5. Breve comentário do narrador.

Esse é um momento em geral muito breve, porém de enorme importância, pois antes de qualquer outra ação a plateia anseia ouvir se o narrador aprovou a cena teatralizada, embora tenha acompanhado um pouco seus movimentos durante a música e a encenação.

Então, ele é chamado novamente à frente pela direção e lhe é dada a palavra, com a seguinte pergunta: "Quer fazer algum comentário?" Essa pergunta sugere que o comentário seja breve, pois o narrador não será mais trabalhado individualmente depois daquele instante. De fato, abrir-se-á o espaço para o diálogo cênico, em que a plateia continuará a desenvolver seus temas protagônicos ou seu compartilhamento, se já for a última cena.

Indico que no TR não se corrigem as cenas com que o narrador eventualmente não concorde. Sei que há equipes que corrigem, mas eu não acredito nisso. O trabalho é permeado pelo coinconsciente grupal e, portanto, por princípio deve estar consonante com o grupo. Já vi narradores corrigirem a equipe e, depois de algum tempo, voltarem para dizer que refletiram e perceberam que a cena procedia. O importante é que a cena é do narrador, mas também não é, pois é do grupo.

6. Agradecimento ao narrador.

Quando o narrador volta para sua cadeira, que não é mais aquela junto ao diretor, é pedida para ele uma salva de palmas. Isso é feito para demonstrar a generosidade dessa pessoa e reiterar que o acento do trabalho vem do grupo, por meio do narrador. Ou seja, ele ofereceu sua recordação, mas não permanece em destaque e dá lugar para outra pessoa continuar a história daquele grupo: o tema protagônico.

Compartilhamento e comentários (ressonância das cenas no grupo e corresponsabilização de cada um sobre os temas abordados)

Essa é a etapa final da intervenção, tão importante quanto as outras, pois torna possíveis a troca entre os participantes e o distanciamento crítico. É o momento de ouvir as cenas que não foram contadas e as "caronas" emocionais que o público pegou a partir dos narradores. Também é o momento de, aos poucos, ir desaquecendo o público da intensa emoção e devolvê-lo à racionalidade e a certo distanciamento, para que possa assimilar o que ocorreu e para que a vivência não se perca, além da possibilidade de a plateia poder retornar ao mundo cotidiano de alguma forma transformada. O término pode ter uma pequena cena realizada pelos atores, uma leitura poética da apresentação.

Síntese da direção (leitura captando o percurso grupal por meio das cenas)

Nesse momento, ego-atores e ego-músicos sentam-se, em geral, à beira do palco, e apenas o diretor permanece em pé para conduzir a etapa mais verbal.

Para marcar a fase de compartilhamento, a direção recupera o caminho percorrido pelo grupo por meio das cenas e dos temas que foram abordados na intervenção. Como em qualquer modalidade de sociopsicodrama, a direção deve evitar conclusões ou interpretações sobre esse percurso. O diretor não é um analista nem do grupo nem da instituição. A leitura baseia-se apenas na trajetória das cenas, marcando ligações entre temas correlatos – por exemplo, todas as cenas de alguma maneira terem caminhado para um crescente de infância, adolescência e idade adulta, como se o grupo fosse amadurecendo o tema durante o trabalho. Enfim, a leitura de grupo não se configura como uma verdade dita pelo diretor, mas como um olhar de sua experiência com grupos e sobre o que os ouviu conversar. Portanto, a observação e a memória do diretor devem ser afiadas e alinhadas com o evento todo.

Compartilhamento da plateia e da equipe: cenas recordadas e não contadas e compartilhamento propriamente dito

A plateia é convidada então a contar suas cenas recordadas na etapa "fantasia dirigida" ou a partir das cenas relatadas, e também a compartilhar sentimentos e situações vividos que se assemelham aos do narrador. A ideia é que este, que ofereceu sua cena, sinta-se acolhido pelo grupo, o qual também se expõe, trocando experiências entre si. É importante garantir que o narrador não se sinta sozinho ou exposto. A direção, nessa fase, deve evitar conselhos e muitos elogios à equipe. Esse movimento de aconselhar, embora genuíno, pode levar todo o grupo a se colocar acima do narrador, como alguém que saiba mais, pois já passou por isso ou por qualquer motivo. Claro que ao diretor deve caber o bom senso de não reprimir essas manifestações e avaliar se a "dica" dada é pertinente ou não. A manobra de trazer o grupo para um real compartilhamento exige experiência e habilidade, para não cair num "modo certo" de falar. É como se o diretor apenas desse margens a um rio, para que ele não se dispersasse, mantendo o foco no intercâmbio de experiências. Os elogios à equipe são aceitos, porém não estimulados. Já as críticas ou desconfortos devem e precisam ser ouvidos e absorvidos pelo "ser grupal", como parte integrante da intervenção.

Cabe salientar que a direção deve estar atenta àquelas pessoas que se expressaram pouco durante a intervenção. Ou seja, abrir esse espaço para quem democraticamente tiver algo a dizer, mesmo que seja um desconforto, a reclamação de algum erro da equipe ou algum mal-entendido. A direção deve ter cuidado de não olhar apenas narcisicamente aos que têm comentários consonantes. O espaço deve estar aberto também para a dissonância e a discordância, e deve proteger alguma minoria, às vezes de apenas um indivíduo, que discorda do caminho da plateia como um todo, ou, até mesmo, ainda que seja raro, tenha alguma queixa sobre a equipe.

Se houver tempo, às vezes, nessa fase ainda, alguma ação dramática pode ser feita, como uma escultura fluida de alguém frustrado, pois sua cena não foi teatralizada, ou de alguém que quer experimentar estar no palco e isso aconteça fazendo uma nova cena com ego-atores espontâneos. Enfim, aqui cabe o uso de outros recursos, de outras modalidades de sociopsicodrama, ou da criatividade do diretor.

Vale dizer que, no ambiente corporativo, esse fechamento é um dos principais momentos do trabalho, pois a empresa ou a instituição só reconhece um trabalho se for bem concluído com seu público. Esse pode ser um momento importantíssimo em que o grupo faz, em conjunto, um diagnóstico do que pode suceder em uma eventual crise, por exemplo. Portanto, aos poucos, a emoção vai se integrando à racionalidade e a um distanciamento, para que o grupo reconheça e valorize seu percurso como nem certo nem errado, mas revelador do que foi buscado e proposto muitas vezes como solução de problemas.

Os membros da equipe também podem compartilhar suas cenas livremente, apenas se restringindo a não ocupar demais o espaço da plateia, pois, afinal, estão ali para servir e não para ser servidos. Também devem ter, no seu preparo, a perspectiva de seu papel profissional naquele contexto, para não extrapolar com cenas muito longas ou inadequadas ao evento. Porém, podem e devem colocar-se e disponibilizar sua emoção, pois essa visibilidade de que ego-atores, ego-músicos e diretor também sentem, erram e sofrem enriquece a vivência e referenda os parâmetros.

Encerramento: responsabilização grupal

O grupo deve ser alertado, na apresentação do trabalho, de que essa intervenção é coconstruída e de que sua participação é essencial. E, ao final dele, pode ser lembrado de sua responsabilidade sobre o que foi construído.

Palavras de cada um

Uma prática cada vez mais usada pelos psicodramatistas é solicitar que a plateia ao final diga palavras que serão repetidas pelo diretor, como uma espécie de avaliação do que foi vivido. Cada pessoa pode dizer uma palavra ou frase curta, que sintetize como se sentiu. É fundamental que o diretor, em algum momento, dê espaço a sentimentos de desconforto, principalmente verificando que a maioria não abafe os desconfortos com um "Não houve nenhum desconforto", vindo da maioria.

Eventualmente, algum fechamento com dança, música, imagem etc.

Para o fechamento da intervenção não são necessárias nada além de despedidas. Todavia, em algumas ocasiões, a equipe pode entender que caberia uma dança ou uma imagem. Vai aqui uma "pitada" de intuição ou de alegria.

Etapa opcional

Reflexão teórica; Reflexão sobre o próprio grupo (processamento ou algum tipo de aprendizagem)

Em alguns ambientes didáticos ou com algum tema que os contratantes tenham previamente solicitado, pode-se fazer uma elaboração do ocorrido do ponto de vista sociopsicodramático, do tema protagônico, ou de planos de ação para superação das dificuldades verificadas pelo próprio grupo. Isso é feito em horário que não roube o tempo da intervenção com TR e, de preferência, com um intervalo para propiciar à plateia, por algum tempo, escoar a emoção das cenas recordadas. Nas empresas, é comum, ao final, ser realizado um intervalo para um café, do qual a equipe pode participar. Claro que, ainda no papel profissional, nesse momento de informalidade, não é recomendado à equipe que perca seu papel. A equipe deve simplesmente acolher o público no que quiser contar ou saber, sem relaxar em demasia seu papel de "artista". Em alguns ambientes corporativos, é preferível fazer um relatório sobre o evento, pontuando e "lendo" as questões levantadas, com o devido cuidado de se manter como parte produtora do evento, como pesquisador participante.

Pós-intervenção
Imediatamente após, apenas com a equipe

Recomenda-se que a equipe, para não se esquecer de algumas melhorias que precisam ser feitas no trabalho, troque impressões sobre pequenas falhas ou grandes acertos, cuidando para, no calor de alguma irritação por erro, não ser destrutiva com alguém, mas não perder informações preciosas daquele momento, nem comprometer as relações intergrupais da equipe no futuro por algum ressentimento. Claro que o mais indicado seria os membros da equipe ficarem mais um tempo juntos para essa finalidade, mas nem sempre isso é possível, até por conta do cansaço do trabalho.

Ensaio posterior (elaborar e refazer as cenas, discussões e providências estruturais, administrativas e logísticas)

Em ensaio posterior, sempre que possível, o grupo avalia a intervenção e, com uma liderança segura, pode falar sobre as dificuldades com colegas ou propostas e orientações para melhorias técnicas ou teóricas.

É fundamental que uma equipe de TR seja acessível às críticas e aos elogios e, por mais aberto que seja o trabalho, tenha consciência de que ela não é uma família e sim um grupo que está junto profissionalmente para realizar um trabalho no qual acredita.

As etapas descritas e detalhadas aqui podem servir de base para uma metodologia de pesquisa qualitativa, porque essa pormenorização é de grande importância para avaliar ou pesquisar qualquer protocolo de TR e replicar o método. Podem até, posteriormente, servir de contribuição para outros métodos afins.

No entanto, como estratégia de estudo qualitativo, parece-me mais preciso fazer um caminho de construção e detalhamento da intervenção específica, até chegar a uma sequenciação representativa (Monteiro e Merengué; Brito, 2006, p. 119) que possa servir de guia para "ler" a intervenção escolhida e aí sim ser utilizada como base para as etapas previstas na metodologia.

Aplicações

A versatilidade do método permite sua utilização em variados contextos, sob a perspectiva e a ideologia da inclusão total. Cada um desses contextos exige uma preparação específica, porém a metodologia se mantém. As variações encontram-se fundamentalmente na maneira de receber a plateia, nos jogos dramáticos de aquecimento, no tipo de cenas induzidas pela fantasia dirigida e na existência ou não de um processamento ao final.

Trata-se de uma ferramenta apropriada para diagnósticos grupais, identificação e mediação de conflitos, abertura e encerramento de eventos, avaliação grupal de algum evento ou procedimento, desenvolvimento de conceitos em área de treinamento organizacional ou institucional, prevenção, orientação, busca de valores – como cidadania e ética –, desenvolvimento de lideranças, sensibilização e mobilização de grupos para determinados temas, potencialização e motivação de grupos, melhora em trabalhos de equipe e coesão grupal, integração, desenvolvimento de foco, articulação e minimização de ruídos nos processos de comunicação, aprendizagem, fortalecimento das relações interpessoais, transformações de disponibilidade de um grupo, modelo de criatividade, entre outros.

Pode ser usada no ambiente corporativo, institucional, comunitário, psicoterápico e em espaços públicos. No *setting* psicoterápico, no entanto, deve ser levado em conta que a metodologia é realizada em ato único e que, em grupos de processo psicoterápico, o foco de maior potência da metodologia seria o grupal, inter-relacional. Para o foco em sintomas individuais, outras metodologias sociopsicodramáticas são mais indicadas e se prestam a compor, com outras estratégias de investigação sociopsicodramáticas, uma verticalização adequada ao trabalho mais individual, pois a metodologia do TR aprofunda pela cena individual o assunto coletivo.

Na escolha da metodologia, o TR é particularmente interessante em ambientes mais formais, nos quais os participantes se conheçam e mantenham uma convivência constante, e seja preciso preservar exposições que poderiam gerar desconfortos no dia seguinte à intervenção. Também é bastante interessante sua aplicação em ambientes em que haja desconfiança institucional com relação à equipe gestora que contrata o trabalho, pois esse diálogo poderia ser facilitado e a confiança geraria potência nos dois grupos, plateia e gestores. São igualmente potentes e transformadoras as intervenções dentro de escolas, tanto entre professores quanto entre alunos, ou ainda a integração de vários níveis, como alunos, professores, direção e funcionários. Elas podem gerar mudanças inter-relacionais expressivas[52]. Entretanto, é nos trabalhos de prevenção à violência, prevenção de doenças sexualmente transmissíveis ou de busca de ética e cidadania que o TR ganha sua expressão maior, permitindo grande engajamento na causa política em questão e na transformação da realidade social.

Nos sociopsicodramas públicos, a unidade funcional – direção, ego-atores e ego-músicos – que conduz a intervenção de TR pode ter uma relação mais próxima ao público do que em ambientes corporativos, por exemplo. A percepção do coletivo passa por mais trabalho cênico/corporal com a plateia e por maior tolerância à fluidez e ao caos, provocados pelos eventuais fluxos aleatórios de pessoas se o espaço for aberto a entradas e saídas durante a intervenção, caso da nossa intervenção exemplificada no Capítulo 3.

Já num psicodrama líquido[53] tudo isso se acentua, pois a fragmentação e o caos são bem mais expressivos. A tolerância e as tentativas de intimização são mais e mais necessárias tanto mais a impessoalidade de transeuntes indiferentes ocorrer. O tema,

---

52. Ou, em linguagem sociopsicodramática, grandes mudanças sociométricas.

53. Definido por Davoli (2006, p. 84) como um sociopsicodrama de rua, rápido e muito intenso, em que "a cena destacada dura o tempo necessário para criar a afetação em quem vê. Sair da indiferença pelo olhar do fluxo ininterrupto, fluido, incessante".

nesse caso, pode ser um apoio fundamental até para chamar a atenção de um transeunte que passe pela praça ou rua.

Tanto no psicodrama líquido como no sociopsicodrama público em ambiente fechado, a agilidade, a alegria e a manutenção do aquecimento no pico de energia são demandadas para que se produzam emoções e transformações atravessando o caos, sem buscar perfeição ou consenso. O domínio da linguagem teatral é muito importante nesses ambientes dispersos. A ação estética dos ego-atores e ego-músicos mantém a plateia concentrada na cena.

Já em ambientes de grupos pré-selecionados e, portanto, mais contidos pelo papel social ou profissional, com objetivo comum a todos, como no caso de *coaching*[54] grupal contratado por uma organização ou de encontro de pais, por exemplo, a importância do tema proposto previamente é fundamental. Claro que o grupo presente a qualquer intervenção de TR sempre pode mudar totalmente o curso de um tema proposto se o diretor tiver experiência, mas a liberdade de ação em um sociopsicodrama público é sem dúvida mais ampla e o desafio, bem maior.

Equipe, preparação e funções

"Representar em cena exige muito trabalho. Mas, quando temos a experiência do trabalho como se se tratasse de um jogo, então ele deixa de ser trabalho. A representação é um jogo" (Brook, 2011, p. 207).

Essa frase de Peter Brook sintetiza o trabalho do ego-ator no TR. Para além da repetição do que o narrador coloca no "jogo", há um profissional preparado para se abrir ao jogo e ao improviso, para se colocar no lugar do narrador e de uma plateia inteira, que já ouviu qual é a cena e que por isso já não será surpreendida. A vida já foi relatada e a imagem da cena já se encontra, há alguns

---

54. Procedimento realizado com a finalidade específica de desenvolver competências igualmente específicas.

dias, meses ou anos, registrada na mente do narrador. A competição seria desleal se esse ego-ator não jogasse com a plateia, com seus pares e com a possibilidade de emprestar nova significação a um fragmento de história.

Por outro lado, o ego-ator não precisa contar algo que não se sabia, e isso traz, simultaneamente, dificuldades e facilidades. Fizemos uma experiência, em nossos ensaios, de realizar cenas contadas como na metodologia, outras contadas de maneira escondida e ainda outras em que o público ouvia a narrativa e assistia à combinação. Chegamos a uma conclusão, ainda que provisória, uma vez que a experiência foi feita apenas entre nós da equipe, que o narrador e a plateia se emocionam muito mais quando a cena é contada abertamente. Imaginamos que o sistema de contágio do público é a mais provável explicação para o fenômeno. O fato é que a imaginação das pessoas envolvidas pode ser o diferencial, pois ver contar faz o público imaginar as sensações do narrador, e isso potencializa as próprias emoções.

A potência estética dessa metodologia encontra-se na técnica do "espelho ressonante", realizada de forma viva. A linguagem cênica deve estar na preparação do ego-ator para, quando ouvir/vir a cena do narrador, permitir uma porosidade tal que sua sensibilidade produza o desenho do personagem, com falas, gestos, tons e movimentos.

Além do preparo teatral e musical propriamente dito, o ego-ator e o ego-músico devem entender algumas ideias-chave desse trabalho:

1. O que farão sairá imperfeito, pois é improvisado, ainda que se esforcem o máximo possível para ter seus corpos preparados para expressar o que pretendam.
2. O respeito ao narrador, como autor, é mais importante do que realizar uma boa *performance* no palco.
3. Em relação àquilo que provavelmente pensaram em cena, e disseram ou cantaram, desde que tenham o preparo em sua

função, devem ficar tranquilos e acreditar ter alguma conexão com o CICS daquele grupo.

4. Devem-se manter o máximo de cumplicidade com os colegas em cena ou com a música, dentro e fora da intervenção, "aceitando" a proposta cênica do colega e tornando-a conjunta. Por exemplo, se alguém errar a combinação, não "travar" e seguir como se aquele fosse o roteiro combinado, deve-se improvisar e dar-lhe suporte – e somente depois discutir o ocorrido com ele.

5. Devem evitar olhar diretamente para o narrador, em especial em ambientes pequenos, pois pode ser intimidador; por outro lado, devem se relacionar sempre com este e com o público, "jogando" com eles.

6. Devem abrir seus canais intuitivos no momento das cenas ou das músicas.

7. Devem interessar-se em estudar o que for possível sobre os princípios sociopsicodramáticos, a linguagem teatral, o gestual, a dramaturgia e a consciência corporal.

8. É importante certo distanciamento crítico, junto com a intuição, para que não misturem suas histórias com a do narrador, e sim se inspirem nela.

Vários aspectos já foram mencionados no decorrer do texto, portanto, neste momento, destacaria apenas que é fundamental para um grupo maduro de ego-atores se fortalecer e vencer a tentação de colocar um final feliz nas cenas. Algumas até pedem isso, mas a maioria não. Isso vale tanto para as encenações quanto para as esculturas fluidas, que não necessitam de finais alegres, pois por meio delas a plateia pode sentir a dor do narrador e não precisa ser poupada disso. Aliás, não ficar resolvido mobiliza para uma possível resolução efetiva, enquanto a catarse aristotélica apenas alivia e absolve. O essencial são a empatia e o profissionalismo da equipe e não a simpatia. Generosidade e certo idealismo social são fundamentais no perfil de cada membro da equipe.

O COCONSCIENTE E O COINCONSCIENTE NO TEATRO DE REPRISE

A cena recordada[55] é a matéria-prima para a dramaturgia/ texto do TR. Portanto, o convite ao recurso da memória parece ligar o método com um desencadeador que poderia ser denominado proveniente da realidade comum. Dito de outra maneira, o que se recorda origina-se presumivelmente de uma situação ocorrida de fato na vida das pessoas do público. No entanto, memória e imaginação são primas-irmãs e fazem parte da mesma categoria do processo criativo mental. Quando se pensa em termos sociopsicodramáticos, nos quais os participantes são aquecidos por iniciadores mentais juntamente com os físicos e sociais, imaginação e memória ficam potencializadas e fertilizadas por emoções privadas e coletivas a um só tempo. Ambas referem-se à realidade suplementar[56] como possibilidade de ampliação da realidade usual. O que o indivíduo pode vir a ser liga-se estreitamente ao que ele pensa ter sido até então.

As cenas privadas importantes são recordadas num estado de espontaneidade provocado pelo aquecimento e por uma multiplicidade de fatores.

> No palco psicodramático não há qualquer tipo de diferenciação [...] entre dois tipos distintos de realidade, sendo uma considerada mais real, válida ou verdadeira do que a outra. Pode ser definida como uma interação entre diferentes realidades, conhecidas e desconhecidas, em que a capacidade do

---

55. Por sugestão do psicodramatista Aníbal Mezher, mudamos o termo "lembrança" para "recordação", que, segundo ele, é mais preciso ao objetivo do que se busca: evocar de novo uma cena vivida. Essa mudança, realizada há uns oito anos, parece ser efetivamente mais bem compreendida quando as instruções são dadas.

56. Já abordada anteriormente. Mas, para facilitar o entendimento do leitor, Zerka Moreno (2001, p. 46) a define como uma subjetividade que poderia tomar o criador, a qual o sintonizaria com uma realidade cósmica que iria além de uma realidade subjetiva e objetiva, "uma dimensão que penetra o psiquismo da pessoa".

ego de controlar e distinguir cessa [...] Trata-se de um estado em que a pessoa não vivencia as coisas de modo usual, mas as vê a partir de outra perspectiva, não familiar. Essa perspectiva pode pertencer ou a uma parte desconhecida do *self*, ou a outra pessoa, conhecida ou desconhecida, ou a uma força impessoal. (Blomkvist e Rützel *apud* Moreno, 2001, p. 53)

Reñones (2000, p. 55), um brasileiro que trabalha com uma metodologia também inspirada no PBT original – o Teatro da Criação –, nos diz que

a memória constrói seus caminhos por vias desconhecidas, e a organização dos fatos é, na verdade, uma criação nova. Estará sempre conectada com um evento, mas por vezes de modo tão longínquo que aquele evento torna-se outro.

Ele ainda cita Benjamin, que acredita que recordar é muito mais um colher o que não se esqueceu do que efetivamente obter uma clara imagem do recordado.

O narrador trata de apanhar esses fragmentos do acontecido, preencher lacunas, abrilhantá-los com a imaginação e relatar isso a outros. A plateia pode compartilhar do processo dessa recordação especial, que ocorre no momento em que o participante do TR se concentra, na "fantasia dirigida", preferencialmente de olhos fechados, e tenta cumprir a instrução de buscar cenas significativas de sua vida.

Na seleção das cenas os fragmentos também são influenciados pelo ambiente aquecido de coparticipação, cocriação, contrato CSC e CICS e, portanto, de responsabilização. A subjetividade nos faz recortar a realidade, conforme a importância momentânea ou antiga de nossos pressupostos, premissas e ideologias privadas, mas também a partir da interação com outras pessoas e com situações significativas, principalmente as que implicam fortes emoções. O estado de aquecimento proporcionado pela metodologia do TR propicia o acolhimento das cenas recordadas, pois atinge não somente o público, mas também a equipe toda, de maneira diferenciada, por ter uma função igualmente diferenciada. Como é pedido, num primeiro momento, que o recordador não se apegue à nenhuma cena específica e vá deixando que as cenas se atravessem, se interrompam, há um convite à livre recordação. No entanto, o fluxo das cenas já se encontra fertilizado pelo aquecimento realizado anteriormente.

A recepção, os jogos usados e a nomeação das esculturas fluidas promovem o que pode ser chamado de um caldo em que todos os participantes estão envolvidos. Tudo colabora: a atmosfera, o clima, os acordos explícitos e implícitos, a iluminação diminuída e o raro momento do trabalho em que as pessoas realizam uma atividade individual e mental. Cada pessoa se conecta ou deveria conectar-se consigo mesma e "assiste" a cenas de sua vida até estar pronta para ficar com uma única escolha de cena.

Todos os participantes estão nesse clima, podendo ou não seguir as instruções da direção. Alguns claramente não as seguem e cochicham com o vizinho de cadeira. Outros podem rir numa atitude de não realização da tarefa. A direção os convida, mas, se não atrapalharem os demais a se concentrar, aceita que esse seja o limite daquelas pessoas, principalmente se o grupo é numeroso. Para mim, essa é uma maneira de incluir, ou seja, de respeitar as diferenças de modos de estar no grupo.

Não é possível saber quantas das pessoas que se encontram de olhos fechados estão realmente concentradas na tarefa, mas o fato é que observo que outras equipes de PBT, ou mesmo de TR, que não usam a "fantasia dirigida"[57], tal como a defino, não favorecem a introspecção que conecta cada um consigo mesmo. É como um rito que, depois de mergulhado no caldo cocriado

---

57. Termo já utilizado neste trabalho, cunhado pela autora para nomear a atividade de indução de imagens de olhos fechados e em grupo, diferenciando da metodologia do psicodrama interno, que se constitui numa metodologia individual (Rodrigues, 2008a, p. 106).

do grupo e da cultura mobilizada a partir dessa convivência, pudesse favorecer a emergência de algo que uniria o presente e o passado.

Os participantes, nesse momento de silêncio e introversão, fazem caretas, choram, riem sozinhos. O clima, ainda que quieto, é sensível, quase sublime. No papel de diretora, muitas vezes, já me senti como uma mentora religiosa, ao mesmo tempo poderosa e cuidando para sustentar tanta delicadeza e responsabilidade na condução das sugestões para a fluência da tarefa. Esse é um momento em que o fluxo pulsante é sustentado pelas palavras e pelo tom de voz: "Identifique a emoção. Com quem você estava nessa cena? Como a cena terminou? Verifique se gostaria de vê-la representada pelos atores".

Há uma possível expressão energética concentrada, sensível, no clima ritualístico desse momento. Ligo esse clima emocional e subjetivo a uma busca individual de mobilização das subjetividades de cada um. Estas estão, nesse momento, banhadas ou impregnadas de um caldo cultural subjacente e comum, adensado pelo aquecimento, pelos acordos CCSs, pela baixa iluminação, pela voz monótona e acolhedora das instruções da direção, por dificuldades e conflitos do próprio grupo não explicitados, por certo silêncio vigente, pelo CICS.

Pode haver confusão teórica entre o CICS, como um estado constituído de trocas na rede ICS (inconsciente) do grupo – o compartilhamento comum de preconceitos, por exemplo –, e o inconsciente coletivo (IC) de Jung. O CICS, definido por Moreno e desenvolvido por Knobel, como já vimos, se distingue do IC definido por Jung. Porém, durante esse ritual, penso que esses dois conceitos se tocam.

Não sendo meu objetivo um estudo mais profundo da obra de Jung, limito-me a definir alguns conceitos que enriquecem um raciocínio segundo o qual, no CICS, não estariam apenas transitando subjetividades entretecidas que já fizeram parte de uma consciência que não foi sustentada pelo grupo. Penso que também há subjetividades anteriores, culturais, que nunca precisaram surgir como destacadas, com contornos claros de memória. Como o sociopsicodrama não trata de conteúdos intrapsíquicos, mas os aceita, penso que a teoria junguiana, por ser aberta e próxima em termos de visão de mundo (que não vou detalhar aqui), pode auxiliar na radiografia desse momento.

Jung (1987, p. 13 e 21) definiu inconsciente coletivo como uma base sobre a qual se assentam os conteúdos do inconsciente pessoal, como uma forma, um formato arquetípico[58]:

> O inconsciente contém, não só componentes de ordem pessoal, mas também impessoal, coletiva, sob a forma de categorias herdadas ou arquétipos [...] o inconsciente, em seus níveis mais profundos, possui conteúdos coletivos em estado relativamente ativo; por isso o designei *inconsciente coletivo*.
> [...]
> Nossa psique consciente e pessoal repousa sobre a ampla base de uma disposição psíquica herdada e universal, cuja natureza é inconsciente.

Freitas (2009a, p. 17) nos diz que Jung, em algum momento, propôs que se pensasse em camadas, das quais o IC seria a mais profunda, e se encontrariam os arquétipos que, segundo ela, enraizariam todos os conteúdos psíquicos. É como se, ao nascer, a criança já possuísse essas formas míticas de seus antepassados e da sua cultura. Freitas ainda nos fala sobre a grande ligação do ICS com o simbólico, pois se manifestaria por meio de símbolos que impulsionariam a psique. Menciona ainda que Jung teria considerado a existência do que chamou de uma atitude simbólica, ligada a rituais, a uma maneira de ver o mundo cosmicamente (ibidem, p. 20).

---

58. Arquétipo – nome dado por Jung em 1919 para designar as estruturas básicas do inconsciente coletivo. A parte herdada da psique; padrões de estruturação do desempenho psicológico ligados ao instinto; uma entidade hipotética irrepresentável em si mesma e evidente somente por suas manifestações (Plaut, Samuels e Shorter, 1988).

Freitas (2009b, p. 81) também nos fala que, embora Jung acreditasse que a análise individual poderia conduzir à individuação[59], isto é, à meta de um tratamento, em que o indivíduo encontraria a própria natureza e a força para lidar com o coletivo, para ela trabalhos grupais podem colaborar com a elaboração de aspectos sombrios[60]:

> [...] no desenvolvimento de relações horizontais e de focos de tolerância compartilhada e construída por várias pessoas, e na elaboração de uma postura ética. A nosso ver, o próprio Jung deixou ideias que permitem embasar propostas de trabalhos grupais em que os indivíduos participem de experiências que expressem diferenças e a diversidade, tanto no âmbito intrapsíquico quanto interpsíquico, e permitam a exploração de campos interacionais que criem novos símbolos mediadores, sintetizadores ou articuladores de conflitos e pluralidades de visões, emoções e interações.

A autora ainda vai mais longe, defendendo que os recursos para expressão desses símbolos, de maneira plástica, corporal ou dramática, poderiam contribuir significativamente para o desenvolvimento do indivíduo e do que nomeia de grupação. A palavra guarda uma relação com a meta da individuação, buscada pela psicologia analítica de Jung. Seria um *self* grupal, uma consciência grupal, símbolos grupais, uma sombra grupal.

Aliada a essa visão que coloca em foco o grupo, Whitmont (1991, p. 259), um analista junguiano do dilema moderno que enfrentamos com as novas formas humanas de violência, defende

---

59. Individuação, conforme descrita por Jung, seria um processo por meio do qual o ser humano evoluiria do estado infantil para um estado de maior diferenciação, o que implicaria uma ampliação da consciência.

60. Sombra foi definida por Jung como a parte animalesca da personalidade humana. Mas a sombra exerce também outro papel, pois possui um aspecto construtivo, uma vez que é responsável pela espontaneidade, pela criatividade, pelo *insight* e pela emoção profunda, características necessárias ao pleno desenvolvimento humano.

que os rituais do passado serviam às necessidades coletivas. Afirma que essa função de reintegração da energia brutal do humano em formas de cooperação poderia ocorrer em rituais modernos, baseados no lúdico, no jogo, citando o psicodrama como um deles. Segundo esse autor (ibidem, p. 262), a atual falta de significação pessoal, a impotência e a alienação engendradas pela acentuação da cultura urbana produzem o que chama de abstrações estatísticas:

> A troca emocional que sobreviria do confronto pessoal direto com o adversário (pelo testemunho imediato dos efeitos do ato violento cometido) é evitada quando se despejam bombas nucleares de uma altitude de dez mil pés. Emoções potencialmente dolorosas podem ser evitadas e negadas. O outro não é senão uma cifra.

A visão desse autor, que prega o ato lúdico de encenação deliberada dentro de um contexto formalizado como um ritual moderno, cujo efeito catártico geraria comprometimento de forças inatas, seria de poder converter a brutalidade humana dessa maneira, o que do contrário poderia ter um destino destrutivo.

Nos rituais sociopsicodramáticos ou outros rituais lúdicos indicados por Whitmont, teríamos então uma oportunidade de adensamento dessas forças inatas e, conforme a condução e a mobilização, produzir-se-iam forças grupais que atravessariam individual e coletivamente as pessoas, como forças mobilizadoras de transformação.

Ao falar sobre técnicas de abordagem de grupo e sobre abandonar o divã, Moreno (1983, p. 72) sonha, em uma de suas conferências, com uma aliança com Jung:

> Seria interessante a reação de Jung à tese deste trabalho. Talvez tenhamos uma resposta dele ou de algum de seus alunos. Suspeito que sua disposição seria amistosa uma vez que as técnicas interpessoais, a psicoterapia grupal,

o psicodrama e o sociodrama são as bases naturais de teste para sua hipótese do inconsciente coletivo.

Merengué (1996, p. 5) nos fala que a criação poderia ser vista, entre outras possibilidades, como uma possibilidade de dar nova forma a algo, tornar diferente, "trans-formar". Esse autor relaciona nos estados CCS e CICS essa metamorfose ou passagem, da qual surgiria outra forma. Ele retoma a ideia de que Moreno, ao falar desses conceitos, deixou poucos escritos para que pudéssemos entender o que ele queria dizer com estados CCS e CICS, e arrisca pensar nisso como algo mais fluente.

Desenvolvendo essa ideia conforme entendi as reflexões de Merengué, o indivíduo se encontraria em estado de consciência, com foco definido e ações dirigidas intencionalmente, menos tempo do que nos damos conta. A maior parte do tempo nosso estado é mais aéreo e muitas vezes automático, com ações treinadas e conservadas. O estado de um indivíduo, normalmente, não é nem consciente nem inconsciente, tomando consciência como vigília, intencionalidade e lucidez. Podem ser racionais ou não, mas não são estados aquecidos, como os propiciados por um acontecimento surpreendente que nos toma por inteiro, um susto diante do inesperado, por exemplo. Esse estado de alerta, que nos envolve racional, emocional e fisiologicamente, nos coloca de súbito fortemente envolvidos e inteiros na situação. Às vezes, nesses casos, a falta de espontaneidade para agir dificulta uma ação adequada de um indivíduo ou de grupos inteiros. São estados aquecidos, ligados exatamente ao inusitado, ao surpreendente, ao novo que desconforta, os quais rompem com o esperado e o conservado.

Esses estados potentes podem ser compartilhados, como nos rituais, e provocados por meio de técnicas que propiciem o lúdico, como as crianças fazem o tempo todo, pois tudo para elas é novo, é estranhamento.

Evidentemente, um grande susto pode ser uma situação traumática ou muito desconfortável, vivida ou não com outras pessoas. Pode ser uma situação de desespero, de dor, "um grau de saturação do quanto se suporta determinado desconforto, imposto por alguma ordem vigente" (Merengué, ibidem, p. 7), ou uma grande inundação de prazer e alegria. São situações em que os limites do ICS e do CS se borram e são vividos por inteiro, marcados na memória, mesmo que somente na memória muscular, em fases pré-verbais da criança. Merengué (idem) nos diz que, para o horror dos seres humanos, esses estados de consciência são fugazes e não podem ser controlados.

Penso que o TR mobiliza esse estado "entre" o CSC e o CICS por meio de aquecimentos que conectam a memória, a relação, a atenção, o afetivo, o racional, criando uma conexão de fluxo criativo para os participantes. Comparo, portanto, o TR a um ritual lúdico em que conflitos vividos individualmente podem ser acolhidos pelo grupo, por ligação deste com os temas protagônicos e atravessado por folclores antigos e recentes.

Isso é favorecido pelo aquecimento cocriado pela metodologia, que procura gerar um campo télico no qual possam fluir os estados CSC e CICS e, naturalmente, os temas de interesse grupal ou temas protagônicos. Mais especificamente, na fase da "fantasia dirigida", que seria o auge do aquecimento grupal e o início do aquecimento específico clássico, um estado de quase transe é proposto. A penumbra, o ritual de olhos fechados, o mergulho introvertido de subjetividade individual num caldo aquecido anteriormente no coletivo ganham densidade. É criado, nesse momento, um vazio em que o inusitado pode surgir, paradoxalmente, do antigo ou do que a memória registrou como potência ainda viva e ativa, que pode se conectar com outras cenas dos demais participantes, ou pelo menos ao estado "entre" CS e ICS do público ao seu redor.

A sugestão de que é a cena que "escolhe" a pessoa, e não o contrário, produz fortemente a indução de se deixar envolver pelo momento e por essa conexão. Esse fluxo do contexto grupal conduz para o contexto dramático de maneira acolhedora, suave, lúdica, ritualística e sagrada, e busca levar o grupo ao rompimento do automático, do conservado, por intermédio do narrador ou do porta-voz grupal. Investido da carga emocional grupal, ele se lança e relata os fragmentos de sua memória/imaginação/emoção/embate. A música prepara o imaginário, como um tambor xamânico, para as possíveis transformações subjetivas desse porta-voz e de seus cúmplices.

Nesse contexto dramático em que surgem as cenas, a sutileza da leitura pela ressonância estética, sem nenhuma pretensão de análise, enriquecerá a cena matricial com aspectos até então invisíveis para o narrador. Aspectos que tocam também de maneira sutil as cenas correlatas dos outros participantes, de forma que muitos se alimentam dessa customização, entendida como uma transformação da informação em algo mais adequado às necessidades daquele momento atual e não de quando a cena ocorreu.

Dadas as frequentes coincidências mencionadas por narradores ao longo da minha experiência com a metodologia, entre eventos encenados que não foram relatados diretamente por eles, parecem haver ainda conteúdos culturais comuns que concorrem para um "saber", por exemplo como se comportam pessoas em certas situações. Mas, também, alguns conteúdos que não são culturais parecem ser transmitidos, por uma via ICS, surgindo de maneira literal ou metafórica, de forma surpreendente até para os ego-atores e os ego-músicos.

Tudo se passa como se a equipe não conhecesse o relato e colocasse em cena o que antes era obscuro, ampliando possibilidades de conexões novas, estranhas e mais claras. Nesse caso, esse fenômeno não se daria por via da convivência e da história comum, mas por intermédio da cultura comum e dos arquétipos, como se o grupo criasse um substrato particular. A cultura veicula valores, formas e padrões de relação que não são somente daquele grupo específico.

O ritual cria uma atmosfera de trocas na qual o entretecimento do CICS ficaria muito facilitado pela generosidade, preparo, porosidade/sensibilidade e intuição do elenco. Dados a delicadeza e o respeito com que isso é realizado e a "torcida" da plateia, a subjetividade do narrador e da plateia está realmente aberta a transformações. Talvez, nesse momento, também estivesse aberta a manipulações inescrupulosas, caso a equipe tivesse objetivos maniqueístas ou intenções de subordinar o interesse de outrem a si própria. Cito isso pois penso que muitos líderes espirituais e políticos se utilizam de um clima emocional semelhante para influenciar grupos em favor próprio ou de verdades preconcebidas ou preconceituosas.

Como não é esse o caso, a interferência favorece um compartilhamento no estado fluente, como indicaria Merengué, entre CS e ICS, entre CCS e CICS. Esse estado fluente, raro, de atenção, de curiosidade, de entusiasmo, pleno e confiante até para tratar de temas difíceis poderia ser comparado àquele em que vive quase sempre a criança; um estado em que realidades e fantasias convivem de maneira criativa. Não devemos cair em romantismos idealizados, pois também a criança vive embates subjetivos e objetivos, porém de outra forma. Contudo, sua adaptabilidade e curiosidade guiam-na, de algum modo, para sobreviver às dificuldades. O mítico e a consequência física de uma ação, por exemplo, convivem com o mesmo peso e importância, principalmente quando a educação, a família, o contexto social em geral não estão atrapalhando-a em seu crescimento natural – ou seja, caso ela esteja em campo télico e se sinta pertencendo a um grupo.

O fenômeno do pertencimento criativo é absolutamente determinante nos níveis de confiança e relaxamento que o indivíduo pode atingir. Esse estado pode acontecer naturalmente – como, por exemplo, quando um casal se apaixona na relação entre mãe e bebê de dias ou meses, ou ainda em alguns raros grupos de adultos que se configuram, por um período de vida, como base de referência de felicidade. Pode também ser provocado intencionalmente, por meio de jogos, rituais e metodologias interessadas em transformações a partir desse estado, como o TR.

Nesse contexto, vamos tentar responder à pergunta de como acontece esse fenômeno, sempre impressionante, do que parece ser uma transmissão de conteúdo ICS do narrador/plateia para os ego-atores e ego-músicos. Os sociopsicodramatistas estão relativamente acostumados a presenciar esse fenômeno, mas ele sempre é surpreendente e prazeroso. Moreno (1987, p. 410) já o registra quando nos diz:

> Um curioso fenômeno foi notado por muitos observadores. Uma mulher casada, por exemplo, que tenta representar algumas das situações mais íntimas e pessoais de sua vida para encontrar uma solução de seu conflito, espanta-se ao ver com que facilidade uma pessoa estranha (o ego-auxiliar), ao desempenhar o papel do marido, é capaz, após uma pequena preparação, de assumir o seu papel e associar-lhe espontaneamente palavras e gestos que, segundo pensava, só *ela* conhecia bem. Cada indivíduo vive num mundo que lhe parece inteiramente privado e pessoal, em que ele assume certo número de papéis privados. Mas os milhões de mundos privados se sobrepõem em grande parte. As porções maiores que se sobrepõem são, na verdade, elementos coletivos. Só as porções menores são íntimas e pessoais. Assim todo e qualquer papel consiste numa fusão de elementos privados e coletivos.

Na metodologia do TR, esse fenômeno ocorre muito frequentemente. Vejamos: temos, de um lado, os ego-atores e ego-músicos, que trazem para o evento sua preparação teatral, de escuta, desprendimento, ideologia e profissionalismo, além, é claro, de sua história – e, portanto, elementos privados mergulhados ou sobrepostos, como Moreno diz, nos elementos coletivos da cultura, arquétipos, IC. Esses profissionais não apresentam condições neutras, assim como qualquer ator e músico. Além disso, têm no seu perfil uma atração especial e um prazer de lidar com assuntos sociais e, portanto, uma generosidade ao lidar com pessoas, o que os liga fortemente à cultura. No dia da intervenção, eles são expostos a aquecimentos corporais, afinação de instrumentos e vozes, jogos com a equipe e com a plateia, criando canais de comunicação, principalmente metafóricos e simbólicos.

De outro lado, temos a plateia, que traz para o evento sua cultura, arquétipos, além de cada indivíduo, com seus históricos privados mergulhados ou sobrepostos nos elementos coletivos, seu IC. Segundo Brook (2011, p. 206), o público "veio de uma vida exterior ao teatro, essencialmente repetitiva, para entrar numa arena especial onde cada momento é vivido de uma forma mais nítida e mais intensa".

Essa plateia é então exposta a jogos dramáticos ou outros jogos e técnicas que favoreçam vínculos de confiança com seus pares, assim como com a equipe. É exposta também a um convite de novo entusiasmo para relembrar suas antigas cenas guardadas, despertado por um conceito conhecido em sociopsicodrama como "qualidade dramática". Moreno (1987, p. 140) a define como uma das formas de espontaneidade que "confere novidade e vivacidade a sentimentos, ações e expressões verbais que nada mais são do que repetições do que o indivíduo já experimentou antes", como certo fervor ao rezar a mesma prece que já rezou inúmeras vezes. Esse é o princípio usado por atores do teatro artístico convencional e não improvisado. Moreno ainda nos fala, referindo-se a esse conceito, que o indivíduo que na vida cotidiana se permitisse emprestar "qualidade dramática" à sua fala e a seus movimentos, em alguns contextos sociais, poderia até ser considerado louco. Peter Brook compara essa repetição com a representação ou re-apresentação quando uma coisa do passado é novamente mostrada – aquilo que outrora foi volta a ser. Segundo Brook (2011, p. 204), "a representação não é uma imitação ou uma descrição de um acontecimento pretérito – a representação nega o tempo, abole a diferença entre ontem e hoje".

Recapitulando: a plateia é exposta ao vínculo de confiança, ao novo entusiasmo ou à própria "qualidade dramática" e, por fim, àquele estado "entre" o CS e o ICS, ou melhor, a um estado em que essa separação não é clara. Em psicologia, esse estado poderia ser chamado de crepuscular, porém prefiro algo mais ligado ao amanhecer e acordar do que ao final do dia e da luz, embora o sombrio tenha permissão nesse contexto.

Aqui, então, temos as duas funções: os ego-atores e os ego-músicos e as pessoas da plateia. Temos os ingredientes para fazer um bolo, mas ainda não temos o bolo. Ainda há um ingrediente: a equipe. Se o CICS se adensa mais em vínculos de convívio, a equipe mantém laços intensos de convívio grupal de trabalho, de atrações, de afinidades em subgrupos, para outros critérios que não somente o profissional teatral, de dores e atritos, enfim, uma equipe permanente.

Já que comecei na metáfora culinária, vou aproveitar o conceito de marinar um alimento. Marinar um peixe, por exemplo, é deixá-lo em repouso por algum tempo, depois de temperado, para dar-lhe mais sabor, conservá-lo, dar mais umidade. Penso que a equipe, quando se prepara para um evento, está marinando o tema e a ligação de cada um e de todos com aquele assunto e com aquele presumível público. Claro que, ao marinar, podemos salgar ou temperar em demasia. Portanto, há um tanto do trabalho que pode ser ensaiado, abrindo uma conexão, e um tanto que deve ser aéreo para ser aberto no dia da intervenção, para esse determinado público, com aquela disposição específica ao evento.

Se há o ingrediente equipe, também há o ingrediente grupo. No grupo, como um todo, a equipe e seus elementos são partes importantes, com funções diferentes da plateia, porém ambos compõem esse organismo grupal. Um grupo que usa intensamente a linguagem metafórica, simbólica e da realidade suplementar, juntamente com os idiomas cultural e cotidiano.

É daí que surge a figura do narrador/protagonista/emergente grupal. Como que oriundo do coro grego, que falava com os deuses, o narrador, tomado por um entusiasmo (qualidade dramática) com sua cena privada – que foi renovada por carregar a potencialização pública –, torna o privado público. Como um caldeirão de bruxa, que seria o campo télico intensivo e focado, todos os ingredientes presentes, incluindo os marinados, com suas peculiaridades e estados do dia (algum ingrediente que não se encontre em bom estado junto com outros em excelente estado), são misturados e articulados entre si. O diretor liga o botão *play* da cena e se senta com o narrador para ouvir a música, acreditando profundamente que tudo aquilo vai dar certo, como uma cozinheira que nem experimenta a comida que fez e confia no resultado.

O caldo se apura e surge a primeira "ressonância estética": a música. Depois, nesse processo de contágio, surge a cena, como segunda "ressonância estética" do representante grupal. Como um caldeirão fervente, podemos imaginar várias combinações químicas acontecendo e produzindo bolhas de vapor, mudanças de coloração, aumento e diminuição de volume e, claro, uma grande alteração de sabor, pelo menos por algum tempo. Tudo tem seu tempo para ser produzido, para ser consumido realmente como alimento que transforme algo nas pessoas, e, depois de esfriar, para ser explicado, como estou tentando fazer aqui.

A experiência significativa entre as pessoas e seus ICSs transitando nesse caldo é o que, em minha opinião, explica os fenômenos surpreendentes de certas coincidências de os ego-atores "saberem" intuírem coisas que nem pensaram em colocar na cena, ou até puseram com certa intenção e atingiram outra. Ou mesmo quando os ego-músicos cantam algo que aparentemente não tem ligação com a cena, e o narrador ao final conta que essa era exatamente a música que alguém cantava para ele quando a cena aconteceu ou era a música eleita como tema de uma relação afetiva.

Talvez os junguianos chamem isso de sincronicidade e pode até ser que, em várias intervenções, não surjam essas coincidências, mas a frequência com que tenho visto esse fenômeno ao longo dos anos de trabalho indica que ele faz parte da metodologia de alguma maneira e mereceria um estudo à parte. Talvez seja uma lucidez grupal que capta, revela, expressa, nomeia baseada no clima intimista do *cluster* 1 e na aliança de confiança e pertencimento do ritual da metodologia.

Seja qual for a explicação, o fenômeno certamente se assenta em uma equipe que seja fluente nas suas próprias relações de liderança, escolhas e transparência, tenha alegria em realizar esse trabalho, sempre se revendo, tanto do ponto de vista individual quanto grupal, e mantenha-se informada e ligada sobre o que acontece ao seu redor.

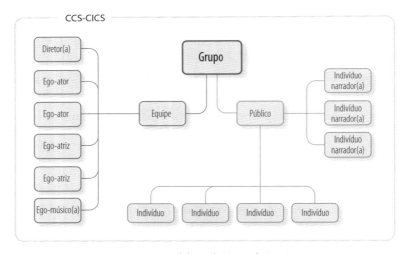

Figura 12. Metodologia do Teatro de Reprise.

3 Compartilhamento: uma intervenção exemplo utilizando a metodologia do Teatro de Reprise

MINHAS PRÁTICAS COM A metodologia do Teatro de Reprise determinaram a necessidade da compreensão teórica. Ao longo dos anos de trabalho dedicado à utilização e ao desenvolvimento de mais e mais ferramentas para aprimorá-la, várias práticas foram realizadas com o antigo Grupo Reprise e com o atual Grupo Improvise: em empresas de variados segmentos (bancário, industrial, varejista etc.) e níveis (de chão de fábrica à gerência); escolas, com diferentes níveis de instrução e faixas etárias, funcionários ou professores; prevenção de acidentes de trabalho; praças públicas; hospitais; ONGs de diversas naturezas; projetos públicos e privados; instituições de saúde, culturais, jurídicas etc.

Na medida em que este livro é a transformação de uma pesquisa de doutorado em Artes Cênicas e as anotações de intervenções com Teatro de Reprise são muito numerosas e variadas, o desafio da escolha foi se impondo por apenas uma prática demonstrativa da metodologia. Discorrer sobre um único trabalho e em um contexto específico restringe por um lado, mas certamente amplia por outro, pois aprofunda a leitura da intervenção com referenciais desenhados no capítulo anterior – e alguns novos. Portanto, a intervenção apresentada aqui tem como proposta demonstrar a metodologia do TR. A faceta cultural do evento contribuiu para a escolha, visto que o Teatro de Reprise tem interface com as áreas de Teatro, Psicologia, Ciências Sociais, Comunicação e Educação.

A metodologia sociopsicodramática vem se desenvolvendo e apresentando possibilidades de se alinhar com o que há de mais atual em termos de pesquisa qualitativa. Quando Moreno sonhava com a utopia da inclusão total e do tratamento de toda a humanidade, não imaginava que os rumos metodológicos da pesquisa qualitativa fossem se afirmar como vem acontecendo, principalmente no âmbito das artes. No tempo em que foi para os Estados Unidos (1925), ele se inclinou fortemente para a pesquisa quantitativa, e assim seus estudos de sociometria ganharam respeito e inserção científica, num mundo dominado pelo positivismo. Ainda mencionando os brasileiros sociopsicodramatistas inovadores, especificamente na área metodológica, há três brilhantes autores de um livro que hoje norteia os pesquisadores da metodologia sociopsicodramática: *Pesquisa qualitativa e psicodrama*. Destaco uma frase desse livro, para mim representativa, na fala de Brito, Merengué e Monteiro (2006, p. 27):

> A escolha de uma metodologia de pesquisa traduz uma posição em termos epistemológicos e não apenas uma adesão a um método em oposição a outro. Uma pesquisa que emprega metodologia qualitativa mais frequentemente estará alicerçada por pressupostos compreensivos e interpretativos em relação ao fenômeno estudado, ao passo que pesquisas quantitativas geralmente definem seu estudo em termos de verificabilidade.

Esses autores, assim como Contro (2009b) e Wechsler (2007), têm aprofundado e inovado significativamente no Brasil os estudos sobre a pesquisa qualitativa por meio do sociopsicodrama. No entanto, toda prática sociopsicodramática se coloca na intersecção entre o individual e o coletivo como objeto de estudo, e tem como pesquisador mais frequente o condutor do evento. Como já visto no primeiro capítulo, as pesquisas cada vez mais são ampliadas para além das fronteiras da psicoterapia e associadas com intervenções socioeducativas. Além disso, tornam o instrumento mais abrangente, trabalhando com o tratamento de grupos até a aprendizagem de trocas grupais e de conceitos.

A base da metodologia sociopsicodramática é o chamado 5-3-3: cinco instrumentos, três etapas e três contextos, mais a realidade suplementar. Porém, há muito mais do que essa base para o entendimento da metodologia. Num artigo publicado anteriormente (Rodrigues, 2008b[61]), criei dois quadros de referências dos conceitos sociopsicodramáticos que podem servir para situar os conceitos que considerei, naquela ocasião, mais relevantes ao entendimento das práticas sociopsicodramáticas. Agora, esses quadros podem ajudar na compreensão das especificidades da metodologia do Teatro de Reprise.

Abordei no referido artigo que a metodologia sociopsicodramática, desde Moreno, não pode mais restringir-se ao antigo 5-3-3. Há mais instrumentos (por exemplo, o ego-ator e o narrador) e mais contextos (como o lúdico e o cósmico). Há também não só mais etapas, como mais metodologias, que são consideradas sociopsicodramáticas e não seguem as três etapas clássicas, como o método multidimensional de Féo (ver Capítulo 1). Além disso, mostro no artigo vários focos na intenção da produção dramática, inúmeras novas modalidades brasileiras de sociopsicodrama e muitas ferramentas e recursos correspondentes. Portanto, essa crescente complexidade da metodologia, especialmente com as contribuições brasileiras no âmbito socioeducacional, estão permitindo ao pesquisador uma gama mais ampla de possibilidades de entendimento de suas práticas.

No caso do Teatro de Reprise, interessam-nos conceitos já descritos no Capítulo 2, como o instrumento ego-ator, a técnica do espelho ressonante, as ferramentas – fantasia dirigida, escultura fluida, camarim vivo, roda indígena –, a ampliação das etapas e, principalmente, o fato de o TR ser considerado uma

---

61. Neste trabalho, até agora, indiquei esses quadros no livro *Grupos: intervenção socioeducativa e métodos sociopsicodramáticos* (Rodrigues, 2008a), porém nesse caso, mais especificamente relativo às atualizações dos conceitos sociopsicodramáticos, recomendo sua leitura no artigo da *Revista Brasileira de Psicodrama*, no qual os focos do texto são a organização e atualização.

modalidade sociopsicodramática, juntamente com a série de outras novas que continuam surgindo.

A seguir, cuidamos então da intervenção que será descrita e poderá ser "lida" segundo as bases de etapas e conceitos já lançados principalmente no Capítulo 2.

Trata-se de uma intervenção realizada com o Grupo Improvise e, desde sua preparação, destinada a esse estudo. A cada seis meses, a equipe é convidada a participar do projeto dos sociopsicodramas públicos gratuitos no Centro Cultural São Paulo, por mim mesma, que faço parte da equipe de sustentação do projeto; também convido outros diretores para a mesma finalidade. A intervenção já estava agendada, com minha direção à frente da equipe.

A intervenção descrita a seguir ocorreu em novembro de 2011, com três filmagens simultâneas, que foram editadas. O público foi informado de que tudo seria filmado e fotografado para um estudo de doutoramento, e logo no início foram avisados de que, se quisessem, ao final poderiam dar um depoimento sobre o evento, o qual seria filmado e faria parte do estudo. Como as características desse evento são mais próximas ao teatro artístico, ele pode proporcionar aos leitores envolvidos com as artes cênicas uma maior familiaridade para o entendimento das especificidades da metodologia.

RELEVÂNCIA DOS SOCIOPSICODRAMAS PÚBLICOS

Considero sociopsicodramas públicos as "intervenções sociopsicodramáticas realizadas em eventos abertos ao público geral ou específico, em espaço aberto ou fechado que se proponham a realizar um ato, que ao ser encerrado não pressuponha nenhuma continuidade direta" (Rodrigues, Coutinho e Barea, 2012, p. 159). Já mencionei que os sociopsicodramas em espaços abertos – por exemplo, em praças públicas – poderiam ser chamados, como o são por Cida Davoli, de psicodramas líquidos, por apresentarem uma característica fragmentada de cenas descontínuas.

Já o sociopsicodrama público em lugares fechados possibilita usufruir de começo, meio e fim, mesmo que entrecortado por entradas e saídas de participantes. Em ambos os casos, a necessidade de, vez por outra, proceder a certa inclusão de conteúdo nos participantes se coloca como prioridade. Inclusão de conteúdo, nesse caso, quer dizer situar os que não participaram de etapas anteriores, para que se integrem. Esse talvez seja o exercício mais difícil para diretores acostumados a ter quase total controle sobre os espaços de consultórios, ou contextos tão protegidos quanto. O formato da intervenção pode ser poroso e aéreo, exigindo grande esforço, segurança e experiência da direção e da equipe. Às vezes, até um grande esforço para não aparecer muito e "atrapalhar" o caminho natural da plateia.

O sociopsicodrama público é uma intervenção social, um ato político de criação de sentidos, com muitas e diferentes verdades. Acredito que é um ambiente especial, coconstruído de transformação da realidade com a eficiência da metodologia sociopsicodramática, que proporciona potência ao grupo então reunido.

A intervenção descrita a seguir foi um sociopsicodrama público usando a modalidade de TR, com características limítrofes com o psicodrama líquido, pois os participantes têm a liberdade de entrar e sair a qualquer momento. Esse ir e vir tem como característica não provocar constrangimento nenhum, como provocaria em um sociopsicodrama público, com portas cerradas. Entre os frequentadores, estão usuários do CCSP, que seguem o projeto semanalmente. Alguns não faltam, como um compromisso regular. Esses, a quem temos chamado de *habitués*, ou de frequentadores assíduos, de certa forma já têm um papel desenvolvido como participantes do evento. Em alguma medida, uma das características desses eventos é que esses *habitués* "ensinam" aos estreantes que podem falar livremente ou se expandir corporalmente, quando são chamados ao palco. Outros participantes, não tão regulares, são estudantes de psicologia, a quem os professores recomendam conhecer o projeto, e também estudantes de formação em Psicodrama. Como cada manhã de sábado conta com um diretor psicodramatista, com sua maneira própria de conduzir o evento, eu diria que são vários psicodramas que ocorrem nesse contexto. Frequentemente, muitas pessoas vão pela primeira vez, e há os que já foram, nesses quase dez anos de projeto, duas ou três vezes.

A coordenação do projeto é feita por uma equipe que convida diretores voluntários para conduzirem o trabalho, e pelo menos um membro da equipe comparece para dar suporte ao diretor. No caso da intervenção descrita, como faço parte da equipe de suporte, eu mesma me apresento, explico ao público o projeto e também realizo a direção do dia.

PROCEDIMENTO DA INTERVENÇÃO

A intervenção foi realizada nos parâmetros de pesquisa-intervenção crítica (Contro, 2009) e tem suas etapas descritas com um propósito ilustrativo do método. Em seguida, coloco várias leituras possíveis da mesma intervenção, realizadas de pontos de vista desde os mais objetivos das etapas até os mais subjetivos de uma leitura de episódios críticos.

A equipe do Grupo Improvise no dia da intervenção era constituída pelos ego-músicos Alexandre Aguiar e Dani Ribas e pelos ego-atores Beatriz Petrilli, Eduardo Coutinho, Gisele Jorgetti, Janaína Barea, Luciana de Sousa, Rina Nemenz e Patrícia Belotti. Também compareceram dois equatorianos que havíamos conhecido na semana anterior, num evento internacional de Teatro Espontâneo em São Paulo, no Memorial da América Latina, e permaneceram no Brasil. O músico German Chavez havia sido convidado para integrar a equipe de ego-músicos, mesmo sem ensaio prévio; a ego-atriz Maria Isolda Vinueza Casares fora convidada por uma das ego-atrizes, informalmente, na expectativa de poder entrar em cena, e acabou entrando na equipe apenas na última cena.

As intervenções no CCSP acontecem gratuitamente todos os sábados, das 10h30 às 13h. A intervenção escolhida para este relato aconteceu na sala Tarsila do Amaral (havia sido anunciada a sala Adoniran Barbosa, mas houve uma mudança de última hora) e contou com a presença de aproximadamente 80 pessoas. Estavam presentes, além do Grupo Improvise, convidados da mala direta do Grupo, frequentadores do centro cultural e frequentadores específicos do projeto de sociopsicodramas públicos. A plateia era constituída em sua maioria de adultos, pois, embora não haja restrição de idade, o evento atrai o público principalmente dessa faixa etária.

A seguir, encontra-se o registro da intervenção com base nas anotações de uma ego-atriz, nas imagens filmadas e em minhas recordações. O relato está organizado de acordo com as etapas da metodologia sistematizadas no capítulo anterior. Portanto, pela primeira vez, eu mesma utilizo a sistematização, criada nesse trabalho, para relatar uma intervenção.

REGISTRO DA INTERVENÇÃO EXEMPLO A PARTIR DAS ETAPAS DO TEATRO DE REPRISE

Pré-intervenção
Aquecimento prévio da equipe
Ensaio geral/Desenvolvimento técnico-teórico
Tendo em vista ser um evento realizado com regularidade semestral pela equipe, não houve necessidade de discutirmos a aceitação do convite e a agenda. A inclusão dessas intervenções duas vezes por ano na agenda do Grupo é normalmente esperada, e aceitamos por uma convicção ideológica que faz muito sentido para a equipe. Além disso, os ego-atores e ego-músicos não são escalados, podendo participar todos que quiserem. Foi resolvido também que a direção desse evento seria minha, como costuma ser.

Ensaio específico/Mobilização pró-intervenção

Em ensaio imediatamente anterior ao evento, a equipe chegou à conclusão de que estava interessada em trabalhar o tema "Verdades e mentiras", em função das insatisfações individuais com a política brasileira no quesito transparência. Esse era o tema inspirador da equipe. A intervenção não é divulgada como tematizada pelo CCSP, porém nosso Grupo sempre conta com um tema que una o grupo de profissionais. Essa é uma estratégia que corresponsabiliza os membros da equipe e faz parte da mesma ideologia de não centralizar o poder nas mãos da liderança. Como já foi dito, quando há um tema prévio, o aquecimento é realizado a partir dele. O tema decidido nesse ensaio foi: "Quem conta um conto aumenta um ponto". A partir desse desencadeador, foram feitos um esboço do plano de aquecimento do dia e o ensaio correspondente, com "esculturas fluidas" e cenas dos membros da equipe. O plano incluiu o uso da "roda indígena", com relato de "causos", iniciada pela diretora com uma história real, usada pelo filme *Um conto chinês*: um barco é atingido por uma vaca no meio do mar, caída do céu. De fato, a vaca foi jogada por um avião em pleno oceano e, numa probabilidade quase nula, caiu diretamente sobre o barco e o fez afundar. Nesse ensaio, também ficou resolvida a música de recepção da plateia que mais parecia se integrar com um tema de "verdades e mentiras": "Eu nasci há dez mil anos atrás", de Raul Seixas e Paulo Coelho.

Providências estruturais, administrativas e logísticas

Uma das providências estruturais foi a criação e divulgação, para a mala direta da equipe e amigos e redes sociais, de uma filipeta eletrônica do evento, ou, como é mais conhecido, um *flyer*.

Como foi decidido fazer a "roda indígena" para o relato de "causos", usando barbante para ligar as pessoas, distribuímos entre os membros a tarefa de levar para o dia do evento o material extra, como mancebo[62], barbante (que não fazem parte da mala de apetrechos cênicos da equipe) e filmadoras. É importante ressaltar que a inspiração da equipe para seu tema desencadeador é atravessada por forças muito instáveis e pode, no momento, mudar completamente.

Figura 13. Convite eletrônico do Grupo Improvise para o evento de 5/11/2011.

Aquecimento da equipe no dia
Aquecimento vincular da equipe

Encontro afetivo no café em frente ao centro cultural. Nesse dia específico, alguns membros da equipe compraram chocolates, o que não é um comportamento habitual (ligado à terceira narrativa, como se poderá observar adiante), e nos dirigimos para a sala, que era nova para o grupo. Momentos antes do início da intervenção, a equipe, como já foi dito, tem um ritual

---

[62]. Cabide para roupa, formado de uma haste com diversos braços (ver Figura 14).

semelhante aos grupos de teatro artístico de dar as mãos, entre-olhar-se, realizar exercícios de articulação vocal e, ao final, desejar o termo consagrado de sorte no meio teatral: "Merda!", falando todos ao mesmo tempo. Nesse dia, também foram saudados especialmente com massagens uma ego-atriz estreante e o músico estrangeiro convidado. Havia um clima de alegria, embora seja importante ressaltar que um trabalho pode ser atravessado pelo estado físico e emocional de cada membro e pelas relações entre eles.

Aquecimento de cada membro da equipe (corporal e afinação)

Cada membro da equipe, sozinho ou em conjunto, realizou seu aquecimento corporal. Após afinarem os instrumentos musicais e integrarem o músico convidado, os ego-músicos também realizaram seu aquecimento vocal especial, diferente do aquecimento vocal dos ego-atores, que tem foco na articulação das palavras e não no canto.

Em meu aquecimento individual como diretora, preocupei-me com a chegada do profissional que ia filmar e saí da sala para verificar. Encontrei-o e dei-lhe orientações, encaminhando-o até um membro da equipe que cuida do som, da distribuição de cadeiras e de outros aspectos técnicos da sala. Nesse momento, vi uma frequentadora dos sociopsicodramas públicos que costuma-va[63] dar algum trabalho aos diretores, pois sofria um desequilíbrio psicológico, o que por vezes a tornava rígida e intolerante. Vou aqui chamá-la de Beth (nome fictício). Ela me recordou de que o horário era 10h30 e que faltavam poucos minutos. Sugeri que se sentasse e ela disse que preferia esperar em pé, falando já num tom mais alto do que o ambiente comportava, mas sem me destratar. Tive alguma preocupação, pois, em uma intervenção anterior com a equipe, tivemos de destacar dois membros do Grupo para acolhê-la, durante todo o evento, protegendo-a do

---

63. Já falecida.

ataque de outros membros do público, assíduos e não assíduos. Como o objetivo do trabalho é a inclusão total, não podemos permitir que o público a exclua por "atrapalhar" o que a plateia considera seu ritmo e funcionamento "normais".

Orientações da direção: instruções, mudanças, informações

Não houve mudanças de planos em relação ao que já fora combinado, mas o roteiro criado foi todo repassado, relembrando os motivos que nos levaram a construí-lo. Esse procedimento faz parte do aquecimento do grupo.

Composição do ambiente físico

Quando a equipe chegou, constatamos que se tratava de uma sala retangular, em forma de caixote, com um palco italiano[64], sem janelas, mas com boa ventilação e razoável iluminação. Mesmo sendo a sala desconhecida, a equipe gostou do ambiente aconchegante que ela proporcionava. Enquanto as portas eram mantidas fechadas, foram instalados os equipamentos de vídeo, armada a arara com os apetrechos cênicos e organizados os instrumentos musicais.

Intervenção

Aquecimento vincular com foco na plateia

Recepção (músicas, fantasias, performances)

O público foi recebido com a música "Eu nasci há dez mil anos atrás" pelos ego-atores, com figurino e adereço, dançando, cantando e cumprimentando gentilmente as pessoas ao entrarem. Quando a plateia já estava toda sentada e a música ainda tocava, Beth tomou a iniciativa e começou a dançar. Um dos ego-atores dançou com ela. Foi a única dos espectadores a se expressar. Embora muitos sorrissem, estavam, em sua maioria, quietos

---

64. Palco em que representação e plateia ficam um frente ao outro, e a representação não possui plateia nem nas suas costas nem aos seus lados.

naquele momento inicial. Quando a música parou, Beth foi se sentar e eu saudei o público, dando-lhe boas-vindas.

Apresentação formal da equipe
Todos foram apresentados e contamos ao público sobre a estreia da ego-atriz e a presença do músico convidado do Equador.

Combinados com a plateia/Contrato coconsciente
Como membro da equipe de sustentação do projeto "Sociopsicodramas Públicos do Centro Cultural São Paulo", apresentei-me e expliquei, como sempre faço com qualquer diretor psicodramatista convidado por mim, que o trabalho era voluntário e se propunha a dar "voz" àquele grupo presente, sem veicular qualquer tipo de verdade preconcebida ou produto associado ao trabalho. O que as intervenções teriam em comum era o fato de todas partirem da abordagem sociopsicodramática, mesmo que por meio de modalidades diferentes. Em seguida, já na função de diretora do dia, expliquei que o Teatro de Reprise não era uma modalidade clássica, a qual coloca o público em cena como ator. Por isso mesmo, no CCSP, programo alguma atividade de aquecimento que os coloque no palco. Expliquei sobre a pesquisa do doutorado e o motivo da filmagem. Também, como sempre faço, alertei para o fato de que, ao final da intervenção, achassem o trabalho satisfatório ou não, ele seria o resultado do que juntos havíamos construído, cada um na sua função de corresponsabilização.

Conhecendo a plateia e criando ou recriando o ser grupal – CCS e CICS
Fiz um "mapeamento" breve, dado que a atividade a seguir os apresentaria melhor, pois só falaria quem se sentisse à vontade. Perguntei quem vinha pela primeira vez ao projeto dos sociopsicodramas. Cerca de 30% da plateia levantou as mãos, que nessa altura contava com umas 50 pessoas. Como já foi explicado, o

público vai entrando e saindo durante o trabalho, e atingimos nesse dia um número aproximado de 80 pessoas que entraram em algum momento.

Aquecimento dramatúrgico da plateia
Fase descristalizadora; Narração de "causos", interferências em performances

Chamei o público ao palco e grande parte se levantou, aceitando o convite. Alguns foram depois, outros entraram atrasados e foram sendo instruídos pela equipe ou por participantes do que ocorria, para ficar incluídos. Solicitei que andassem um pouco e depois fizessem bico de beijo, caretas e articulações de maxilar, com o objetivo de aquecê-los como contadores e soltá--los de padrões conservados de coisas "arrumadinhas e simpáticas" para ser ditas. Depois, fiz um aquecimento mental, no qual pedi que parassem de andar e buscassem recordar-se de um "causo" que fosse interessante, pitoresco, engraçado ou trágico, imaginando que, ao contá-lo, provavelmente as outras pessoas diriam: "Nossa, que interessante, isso aconteceu mesmo? Parece mentira ou exagero". Pedi então a quem já houvesse se recordado de algum que voltasse a caminhar, para que eu percebesse quem ainda estava tentando cumprir a instrução. Quando todos voltaram a andar, formamos uma grande roda. Uma das ego--atrizes trouxe um mancebo e colocou-o ao centro. Trouxe também uma cartola colorida e um carretel de barbante, que me entregou. Como combinado, eu coloquei a cartola, segurei o barbante e contei o primeiro "causo", propondo o código aos que se seguiriam depois de mim. Contei a história da vaca que havia caído em cima de um barco de pescadores. O resgate marítimo pensou que eles estavam loucos, mas a história veio a se confirmar depois. Um avião, que transportava uma vaca, precisou diminuir a carga para poder aterrissar. A vaca foi atirada ao mar e, surpreendentemente, atingiu o barco. Ao terminar de contar, fui até o mancebo e deixei lá a cartola, passando o carretel de barbante para a ego-atriz e abrindo para quem quisesse contar o próximo "causo". A regra estabelecida foi usar a cartola quando estivesse contando e, depois, o narrador ficar segurando o barbante. A ego-atriz entregava ambos, cartola e carretel de barbante, e pegava-os de volta para levar ao próximo. O barbante sempre era passado pelo mancebo antes de ir para as mãos de um novo narrador.

Os participantes começaram a solicitar a cartola e o barbante. Todos ouviam atentamente quem contava o "causo". Foram vários relatos, e um desenho interessante de linhas de barbante foi se formando, pois os participantes mantinham-se segurando seu pedaço depois que contavam. O registro que conseguimos anotar dos "causos" foi o seguinte:

- Uma jovem contou que três pessoas participaram da exumação de um cadáver dez anos depois da morte. Começou a chover e uma caiu ali mesmo, foi para o hospital e depois de ter um enfarto morreu. As outras duas pessoas também morreram em circunstâncias impressionantes, como num enredo de filme de suspense.
- Outra jovem contou que estava na casa de uma amiga, cuidando das crianças na piscina. Quando as crianças foram à escola, a narradora resolveu entrar na piscina, que supunha ser infantil. Já lá dentro, se deu conta de que a piscina era muito funda e começou a se desesperar e a debater-se, por não saber nadar. Não havia mais ninguém na casa. Em determinado momento, disse a si mesma: "Se for para morrer, que seja com dignidade!" e parou de se debater. E concluiu: "Daí eu boiei".
- Outra contou que entrou em um ônibus cheio, na hora do *rush*. Um rapaz, falando espanhol e dizendo-se mexicano, perguntou-lhe as horas. Ela respondeu e ele continuou "puxando assunto". A narradora achou estranho e deu respostas vagas. Mas, ao mesmo tempo, pensou horrorizada

que estava fazendo um pré-julgamento, por achar que as pessoas são malvadas em São Paulo, onde ninguém se interessa por ninguém. Continuou então a conversar sobre pontos turísticos com ele. Em determinado momento, o rapaz desceu do ônibus e o cobrador a chamou, dizendo que ele era um conhecido batedor de carteira boliviano que sempre aplicava o mesmo golpe. Como ela protegeu bem a bolsa durante a conversa, não ficou sem a carteira. Ela ainda disse que a moral da história foi: "Toda vez que andar de ônibus e as pessoas me perguntarem as horas, devo sair correndo".

Há ainda alguns "causos" que não foram registrados pelo vídeo editado. Entre eles, uma história contada por uma moça com um bebê ao colo de uma paixão, numa linda praia, que teve como consequência o bebê que dormia no tecido, chamado *sling*, pendurado ao seu pescoço. Ela disse que tinha sido andarilha, vagando com uma mochila às costas, que era sua casa, como um caracol, e que agora carregava na frente o nenê, que era seu "caranguejinho". Essa moça, em particular, queixou-se a uma das ego-atrizes de que não queria ficar perto de Beth e pediu proteção. Parece que Beth tentara, em algum momento, pegar a criança ou tocá-la, e a mãe não permitiu porque o bebê estava dormindo. Esse episódio foi importante, pois ele se desdobrou mais adiante, num grande incômodo que Beth sentiu em relação a essa moça, que vou chamar de Maria. Penso que Maria chamou a atenção de mais pessoas, pois realmente não era exatamente uma situação propícia para estar com um bebê ao colo, ainda por cima sozinha. O tipo de evento poderia acordar o bebê, o que acabou por acontecer.

Enquanto o grupo fluía contando "causos", eu circulava pela enorme roda para verificar e convidar mais pessoas a entrar nela, dado que a equipe toda se encontrava ali. Portanto, quase não me recordo dos "causos" contados, embora visse que todos se divertiam muito. Ter uma equipe bem integrada, em que todos sabem o que fazer e vão cobrindo uns aos outros em suas falhas ou demandas novas, facilita muito. Eu, nesse momento, podia cuidar de quem precisava ser acolhido em sua chegada ou ser incluído em sua timidez eventual.

Quando considerei o público aquecido e mais íntimo, solicitei que todos voltassem para as cadeiras, deixando os barbantes no chão, em frente ao local em que estavam sentados, de onde contemplassem a imagem formada e percebessem a emoção presente em cada um. Isso permaneceu por alguns poucos minutos e então passamos para a próxima etapa da intervenção.

Figura 14. Imagem inspiradora para as emoções das "esculturas fluidas" – Grupo Improvise. Projeto Psicodramas Públicos do CCSP, sala Tarsila do Amaral, 5/11/2011.

Fase dos códigos teatrais como mediadores de linguagem entre equipe e plateia

Depois de contemplarem a imagem do mancebo e dos barbantes, pedi para que falassem as emoções, as quais eu repetia para que todos escutassem. A cada emoção dita, foi realizada a técnica de "escultura fluida" pelos ego-atores e ego-músicos, com o intuito tanto de aquecê-los cenicamente quanto de aquecer o diálogo entre eles e o público.

As emoções foram (os nomes foram dados pelo autor da emoção):

- **Euforia.** Pedi para detalhar mais, e a pessoa explicou que tantas histórias povoaram sua mente, causando-lhe euforia.
- **Cansaço** (dito por Beth, que realmente ficou sentada durante a narração, porém em uma cadeira inserta na roda). Disse que gostava de movimento e se cansou um pouco ao ouvir muitas histórias das pessoas, embora algumas fossem bonitas. Afirmou também que até passou sua aflição com o bebê ao colo da mãe, pois a criança tinha conseguido dormir no meio do barulho, segundo ela. Quando perguntei se a escultura seria de cansaço e aflição, respondeu que não gostaria que a aflição constasse na escultura, só o cansaço.
- **Entrega.** A manifestante grupal explicou que era uma emoção causada pela história da moça que boiou. Mas, segundo ela, todos os "causos", de certa forma, tinham um entregar-se. Era uma entrega boa, que deixava todo o controle de lado.
- **Surpresa.** A manifestante grupal disse que, quando ouvia os "causos", tinha curiosidade em saber qual seria a sua emoção com a próxima história, se daria risada ou ficaria mais emotiva. Pontuei que, portanto, já estaria emotiva e ela confirmou.
- **Alegria.** A autora da emoção contou que sentiu uma grande alegria, pois chegou atrasada e se sentiu acolhida pelas pessoas que estavam expondo histórias pessoais. Parecia, para ela, sem conversar com ninguém, que havia certo "charme" em as histórias serem em parte inventadas. Estava vendo algo diferente, bonito, em que tudo se interligava, fazendo-lhe bem.

Figura 15. Escultura fluida: nostalgia. Grupo Improvise.
Projeto Psicodramas Públicos do CCSP, sala Tarsila do Amaral, 5/11/2011.

- **Nostalgia.** A manifestante grupal explicou que vislumbrou um grande quadro de lembranças que foram se preenchendo. Ressaltou que era uma nostalgia boa.
- **Alívio** (Maria). Explicou que a dor que estava sentindo quando chegou encontrou lugar no seu coração, que já não estava doendo tanto. Disse tratar-se de uma dor emocional e não ser sua característica fugir de suas dores. Chorou um pouco e eu pontuei a tristeza. Ela confirmou que ainda sentia tristeza, um pouco de raiva e que já havia "trabalhado o perdão" por uma injustiça recebida que tinha ligação com o bebê que carregava ao colo, mas não havia sido nada nem ninguém que viesse daquele contexto.

Fase de mergulho no conflito

Nessa etapa, recapitulei as emoções que foram trazidas, para inspirar a plateia e a equipe, e citei todas, incluindo a dor de Maria. Nesse momento, Maria pediu desculpas por ter trazido sua dor e eu disse que não se sentisse mal, pois ela e as outras pessoas haviam contribuído generosamente com suas emoções e todos nós tínhamos nossas dores. Beth interrompeu dizendo que ela trouxe a coisa mais linda do mundo, que foi uma criança. O volume da voz de Beth em suas observações começou a inquietar o público, incomodado com essas interrupções, às quais eu respondia algumas vezes e, outras vezes, continuava dando as instruções à plateia. Mas Beth, com sua brilhante intuição de sempre, que eu já presenciara em outras ocasiões, tinha captado a tristeza da moça, mesmo antes que Maria a mencionasse, e o estranhamento que ela causava ali. Beth se impacientou muito e exigiu mais atenção de minha parte, pois não aguentaria prosseguir com seu incômodo por Maria ter trazido uma criança a esse lugar.

Nesse momento, eu poderia trazê-la ao palco e constituir o contexto dramático para que ela visse sua cena, mas não pude fazê-lo por vários motivos, entre eles a metodologia que estava usando, o momento em que o grupo estava formando vínculo entre si e com a equipe e, mais importante, o risco de que ela virasse um "bode expiatório" e não uma protagonista. Em outras intervenções, o "barulho" feito por Beth sempre foi maior, e nesse momento optei por algo mais simples no contexto grupal. Minha opção me pareceu, e me parece ainda, muito objetiva e consciente, pensada com critério. Eu queria incluir Beth, que estava ganhando a raiva da plateia. As pessoas queriam prestar atenção nas minhas instruções, mas eram "atrapalhadas" pela sua fixação na moça, o que também acarretava em um foco em Maria, que já estava desconcertada. Optei por dizer a Beth que eu havia pedido para todos ficarem quietos e consigo mesmos, mas ela não obedecia; aquele era um momento de ouvir as minhas instruções. Optei pela contenção firme, porém citando apenas a sua inadequação ao momento da atividade, sem colocar peso no conteúdo de suas falas, mas apenas na interrupção da minha instrução. Ela me perguntou se estava me desrespeitando e eu disse que sim, pois sabia que entenderia apenas dessa forma. Assim eu tinha mais chance de incluí-la. Penso que esse momento foi dramático para o grupo, que dependia inteiramente de mim na direção para seguir e aceitar Beth. Ela se espantou e disse algo como: "Bom, se a desrespeitei, então fico quieta, mas não concordo com essa criança aqui". Quase pude ouvir o som da respiração do grupo, como um "Ufa!". Ela, baixinho, ainda fez uns murmúrios, mas obedeceu à regra colocada e, não sei bem como explicar, passou a se comportar diferente, se incluiu. Fazíamos todos parte de um grupo com história: uma crise que poderia nos ter dividido. Sabia, nesse momento, que além de Beth estar incluída eu havia pautado o grupo numa atitude de inclusão e de não precisar concordar comigo nem com ninguém para estarem incluídos. Poderiam manter sua opinião. Cederiam apenas a uma cooperação na coconstrução coletiva, regida por mim e pela equipe. Maria, no último terço do trabalho, foi embora, aparentemente porque a criança precisou sair. Já Beth saiu um pouco, mas voltou e ficou, participando e dançando ao final. Para quem a conheceu, era inacreditável que tivesse feito parte do grupo e tenhamos em alguns momentos esquecido que ela estava presente. Para quem não a conheceu, é difícil relatar como esse momento foi de inclusão e não de exclusão, no qual uma cena poderia ter sido criada, pois o campo intensivo estava presente, com um tema protagônico. Porém, pela minha sensibilidade de diretora, não havia acolhimento do grupo para essa protagonista destrutiva. Contudo, de alguma maneira, ela ficou incluída por ser tratada como qualquer um que não esperasse por um momento mais adequado para falar, e não como uma doente.

Claro que tive de retomar todas as instruções dessa fase. É curioso observar que o profissional que filmava não registrou nada do meu diálogo com ela, considerando que aquilo fosse uma imperfeição do trabalho.

Fantasia dirigida

Num ritual já descrito, pedi a todos que fechassem os olhos, fizessem um compromisso individual buscando sua emoção presente e, a partir dela, deixassem vir à mente cenas reais, vividas, que tivessem ligação com as emoções de cada um naquele momento.

Ação dramática (encontro com o conflito)
Ritual de acolhimento
"Quem quer contar a primeira cena?"

Decisão (se houver mais de um voluntário para narrar)
Não houve disputa, ou seja, apenas um narrador levantou a mão em cada uma das três cenas. Provavelmente o fato de já terem contado "causos" interferiu nesse momento, pois minha experiência nesse contexto é de muita disputa de narradores.

Ciclo de diálogo intercênico
Cena 1
Narradora: moça, estudante.
Narradora contou que a cena se iniciou no começo da semana, que é sempre a mesma coisa, a mesma correria, período em que não encontra tempo para nada, e se encerrou ali no CCSP. Ao chegar o sábado, resolveu ir ao centro cultural estudar, pois estudar lhe traz prazer. Falou que já veio a um dos sociopsicodramas e resolveu voltar, pois gostou. Ali sentiu tranquilidade, e lhe pareceu que o tempo parou, mas não de forma ruim. A correria fazia que não percebesse coisas e pessoas, e ali estava se relacionando com elas.
Músicas: "Lava rápido", de Wandi Doratiotto (Premeditando o Breque – Premê) e "Paciência", de Lenine, Dudu e Falcão.
Encenação/espelho ressonante: Cena de composição simbólica. Todos os ego-atores entram em cena com um véu cobrindo a cabeça, inclusive o rosto, e andam atordoados de um lado para

o outro, numa correria. A personagem/narradora vai contando os acontecimentos do dia, como trabalho, estudo, sono. Toca uma música instrumental, quase como um relógio acelerado. Em dado momento, a personagem/narradora para repentinamente. Todos param, a correria também, e ela diz: "Sáááááábado". Todos começam a se olhar e a andar com mais calma, então formam uma meia-lua, aberta para a plateia. A ego-atriz que trouxe, de fato, na narração de "causos", o mancebo o traz novamente e em mímica vai passando o barbante para cada personagem. Ao recebê-lo, cada um tira o véu da cabeça. A música "Paciência" é tocada instrumentalmente. Quando a protagonista recebe o barbante, diz: "Aqui posso ver as pessoas e elas podem me ver". Todos continuam se percebendo entre si, se tocando, se olhando, com olhares curiosos, interessados e afetivos. A personagem/narradora vai para o centro e diz bem alto, fechando a cena: "Eu! Eu quero contar uma cena!" (levantando a mão).

Comentário da narradora: "Nossa! Ficou muito bom!"

Palmas para a narradora.

Cena 2

Narrador: Homem, jovem, um dos assíduos frequentadores do projeto.

Narrador iniciou se desvencilhando das mãos dadas comigo e disse que a cena em si não era tão importante quanto a emoção que ela lhe trazia, pois se tratava de um conflito entre a razão e a emoção. Contou sobre um acampamento em São Tomé das Letras que fez aos 20 anos, quando fazia colegial técnico, com quatro amigos: o Gordo, o Xuxa, o Magro e o Alto. Disse estar, nessa época, com um filme na cabeça, *Indiana Jones e os caçadores da arca perdida*. Contou que nesse lugar existe a lenda de uma caverna cujo fim chega a Machu Picchu, e que ele e os amigos entraram na caverna para conferir, mas sem equipamento adequado. O Gordo entalou bem na entrada. Escureceu, as lanternas falharam e, quando chegaram a um abismo (uma fenda), parte do lampião caiu no chão. O ambiente ficou completamente escuro. Enquanto ele segurava entre o braço e a pedra, alguém teve a ideia de acender um fósforo, mas, "eufórico", ele disse que não, porque dava para sentir o cheiro do gás do lampião. Um dos amigos pegou a parte do lampião e remontou-o, conseguindo iluminar a caverna novamente. Havia um abismo e, quando o narrador olhou para trás, o Gordo tinha sumido e só estavam ele e o Xuxa. Terminou dizendo que ficou a sensação do proibido *versus* o permitido. Que sua parte racional diz que foi irresponsável, mas a outra sentiu que foi "muuuuito legal!".

Músicas: "No, woman no cry", de B. Vincent, versão de Gilberto Gil "Não chore mais".

Encenação/espelho ressonante: Cena de composição realista e fantástica[65], com o uso da técnica "sombrinha" (descrita no Capítulo 2). Os amigos entram e exploram a caverna e para cada "Será?" que personagem/narrador diz diante das situações narradas todos os amigos congelam e o diabinho e o anjinho falam com o protagonista. São pontuados os momentos em que o Gordo entala e desiste, juntamente com o quarto amigo; o lampião apaga; surge um buraco muito fundo, onde se poderia cair; e, finalmente, uma conversa de avaliação entre o personagem/narrador e as sombrinhas, em que se conclui que foi uma irresponsabilidade, mas valeu a pena correr o risco dessa aventura.

Comentário do narrador: "A cena fala por si".

Palmas para o narrador.

Cena 3

Narradora: Mulher inglesa de meia-idade.

Narradora dizendo efusivamente que se sentia muito feliz de estar lá. Sua cena tem início andando com um grupo de novos professores em uma montanha, na Inglaterra, num momento em

---

65. A técnica permite que a cena realista seja suspensa e, no caso, o anjo e o diabo conversem com o personagem/narrador e, depois, a cena volte a ser realista.

que já estavam todos muito cansados e com frio. Ao chegar a certo lugar, um dos professores, que era o guia, disse para o grupo parar e tirou da mochila um paraquedas. A narradora disse não entender o que o guia estava fazendo. Ele solicitou a todos que segurassem em uma das pontas e a levantasse, que ele ia contar até três. No três, todos deveriam passar o paraquedas por cima da cabeça e sentar em cima. Surpresa: todos sentados dentro do paraquedas. A narradora disse que todos ficaram aquecidos, e o guia tirou da mochila chocolate quente e barras de seu chocolate preferido, *Mars Bar*. Disse ter sido um momento de muita alegria, pois todos estavam comendo, bebendo… Relatou que a lembrança deveria ter vindo nesse momento por sentir-se feliz de estar ali, e brincou dizendo que sabia que sairia de lá, pegaria trânsito, chegaria em casa e o filho ainda não teria feito a lição de casa. Comentei que aquilo marcaria a vida da gente e perguntei que emoção ela tinha no momento. Ela responde: "Alegria… aquele momento de aaaahhhhh, *Mars Bar*!"

Músicas: "Chocolate", de Tim Maia, "Paixão nas alturas", de Wandi Doratiotto (Premeditando o Breque – Premê), e "É hoje", de Didi e Mestrinho.

Encenação/espelho ressonante: Equipe decide por retomar as cenas anteriores da correria e da caverna para chegar até as montanhas da Inglaterra (esse não é um procedimento usual, mas, nesse caso, o caminho do grupo era tão evidente que até a equipe poderia distingui-lo). A cena é uma composição realista e simbólica (pois traz os símbolos das cenas anteriores misturados com a descrição literal da cena da narradora) em que um grupo, liderado por um guia, como referência à primeira cena, inicia uma correria na qual a personagem/narradora comenta do trânsito, do filho que não faz a lição etc. Depois, o guia (que tem uma mochila) propõe: "Vamos entrar em uma caverna que dá na Inglaterra" (referência à segunda cena). O grupo, andando, vai entrando na caverna e narrando: "Perigos, escuro, frio…" O personagem guia tira a mochila das costas, como se fosse realizar uma mágica, e todos cantam novamente a melodia do filme *Indiana Jones*, como na segunda cena. Ele tira o paraquedas da mochila (em mímica) e todos os outros personagens ficam olhando, curiosos. O guia dá a instrução de como fazer com o paraquedas e todos, ao mesmo tempo, em linguagem gestual, entram embaixo dele e se sentam, com exceção da personagem/narradora, que se ajoelha, encantada e comentando seu prazer. O guia distribui chocolates (de verdade, que havíamos comprado no encontro de aquecimento da equipe). Todos comem chocolate usufruindo o momento. Contam histórias (referência ao aquecimento de narração de "causos") simbolicamente, fazendo sons ("hummm", "lá-lá-lá", "biriri"). Todos saem do paraquedas e voltam imediatamente para a correria. A personagem/narradora para bruscamente (novamente referência à primeira cena) e diz: "É sábado! Vou pegar meu *Mars Bar* e vou ao centro cultural!"

Comentário da narradora: "Foi excelente, só que estou com muita vontade de comer *Mars Bar*!"

Palmas para a narradora.

Compartilhamento e comentários
Síntese da direção

Peço que os narradores se levantem e que o público os aplauda, agradecendo sua generosidade em nos oferecer, com sabor de chocolate, cenas de suas vidas.

Mencionei, então, que havíamos começado com uma cena da correria, dessa vida que a maioria de nós tem, na qual não costumamos prestar atenção e nos relacionar com o que está acontecendo ao nosso redor. A segunda cena teria sido um momento de parar e ver o que estava acontecendo e sonhar com amigos, lendas, cavernas, perigos, a vida como ela era, mas com muita paixão e loucura. Limite entre verdade e mentira. E terminamos com uma cena de pessoas explorando lugares, tentando se integrar, mas com frio e fome, quando um calor repentino aquece o grupo. Falamos dessa parada que temos de fazer para nos relacionarmos, com o nosso prazer, para nos escutarmos e também aos outros, e só aí podermos voltar para o cotidiano, igual ou diferente.

Compartilhamento da plateia e da equipe

Perguntei então que cenas ficaram por contar. Intuitivamente, percebi que o grupo poderia se beneficiar de voltar à "roda indígena" e propus que levantassem e a retomassem. Isso não fazia parte do planejamento, mas parecia fazer sentido no momento. Então, retomamos a estratégia da cartola, sem o barbante, para quem quisesse compartilhar.

Não temos os registros de todos os compartilhamentos dessa fase, mas alguns são muito significativos.

O segundo narrador fez uma longa fala, que transcrevo: "Quero falar algumas coisas. Em determinado momento... o conflito entre uma coisa ser extraordinária ou cotidiana. Mas de repente eu tomei consciência de que tudo era cotidiano. Quando vivi aquela aventura, era cotidiana. Não imaginava que aquilo fosse tão surpreendente. Acredito que as outras pessoas também não imaginavam que fosse tão surpreendente. Aí, conforme a vida passa, parece que é como a formação de um diamante. A gente pega aquela aventura, em que provavelmente tudo estava melhorado. Provavelmente muitas coisas sejam até falsas, eu as criei. Só que eu peguei aquilo tudo que era cotidiano meu e transformei numa lembrança preciosa para mim. O tempo da lembrança... vivemos e depois as coisas vêm. No momento. Tudo isso me chamou a atenção e de repente eu estava contando histórias. Vamos dizer assim, vou sair daqui e vou ver minha filha, isso é cotidiano. Mas, de repente, daqui a cinco anos, isso não vai mais ser cotidiano. Numa leitura importante daquele momento. Segunda coisa: fiquei também traumatizado na última cena, a da caverna da Inglaterra. Vocês saíram da caverna ou não? Deu um nó na minha cabeça".

Em outro compartilhamento, um dos membros da equipe anunciou: "Fui para Machu Picchu". E contou uma aventura na qual subiu e desceu trilhas e, em determinado dia, ficou muito mal, com diarreia e vômitos. Mas contou que foi bom, mesmo assim. Outros compartilharam que foi "legal".

Agradeci pela maneira como conseguimos construir um instante para nos relacionarmos e pararmos com todo o barulho interno e externo. Sugeri que cada um visse uma forma de levar a experiência consigo para criar para si "paraquedas", com chocolates, cavernas, lugares quentes, perigos, aventuras (o público e a equipe iam me ajudando nas palavras) na sua vida. Lembrei o que o narrador disse sobre destacar esses momentos, mas estaríamos só vivendo-os, e não nos daríamos conta de que virariam "instantes diamantes".

Agradeci à ego-atriz convidada e ao ego-músico equatoriano. Ela pediu para falar e agradeceu também, dizendo estar orgulhosa de poder participar e aprender. O público perguntou se o avô dela casou-se de novo, como alusão ao "causo" que ela tinha contado e do qual não tenho registro. Parece tratar-se de um senhor afeito a muitos casamentos. Nesse momento, relembrei, para quem chegou depois, que os estrangeiros haviam participado do Fórum Latino-americano de Teatro Espontâneo e que havíamos contado "causos" no início do trabalho. O ego-músico equatoriano também agradeceu, dizendo ter sido uma grande aventura toda sua viagem pelo Brasil, e que "esta é minha caverna agora", referindo-se àquele grupo naquele momento. O grupo se manifestou com risos e ovações. Ele agradeceu aos músicos, disse que a experiência foi enriquecedora para ele e que gostou de ver muitas pessoas juntando-se para fazer teatro.

Perguntei se havia algum desconforto e parecia não haver, porém não pedi a palavra como frequentemente faço, pois o tempo de utilização da sala havia terminado. Com essa finalização do ego-músico, pedi música para terminarmos, talvez dançando, e o público aderiu.

Encerramento

Os ego-músicos tocaram uma música instrumental, puxada pelo estrangeiro com seu acordeom, que lembrava um baile antigo, tocando uma música talvez francesa. O público encerrou dançando. Beth tirou um rapaz para dançar enquanto sorria.

Etapa opcional

Não houve processamento, pois o contrato não era didático.

Pós-intervenção

Imediatamente após, somente com a equipe

No dia, como a equipe se dividiu entre fazer depoimentos, recolher material e ir embora, apenas conversamos sobre alguns aspectos, como a coincidência dos chocolates.

Ensaio posterior

Em ensaio posterior, algumas cenas do dia foram retrabalhadas.

Processamento da intervenção exemplo a partir de episódios críticos

A partir de minha experiência relativamente grande com a metodologia, fui fazendo leituras grupais, reflexões e percebendo sensações durante a condução da intervenção, que foram me orientando nas escolhas de caminhos. Contudo, muitas das decisões tomadas foram e costumam ser intuitivas, com base em uma leitura circunstancial, atravessada por vários fatores, inclusive de ordem privada. Por intermédio de uma leitura posterior de tudo o que foi realizado, há uma oportunidade rica de rever o caminho e, em alguns momentos, não consigo sequer me colocar no meu lugar de diretora e pesquisadora para compreender o porquê de algumas ações, apenas deduzo-as apoiada no conhecimento da metodologia e de mim mesma. Entretanto, tratando-se de uma metodologia sociopsicodramática, o TR pode ser "lido" por muitos ângulos, e todos revelarão aspectos do fenômeno grupal/ relacional com o "leitor" e de um fenômeno pretérito. Ou seja, o fenômeno foi e é atravessado pela singularidade da minha direção e pela minha leitura e, mesmo assim, e até por isso, se revela. É então segundo essa "nova mirada" que passo a desenvolver uma leitura diferente e um processamento não com base nas etapas, mas no que me chama a atenção a partir de alguns temas sociodinâmicos e técnicos.

Quanto ao grupo

O grupo, considerado um organismo vivo, age muitas vezes de maneira mais primitiva do que o comportamento individual das pessoas que o compõem. Assim, as emoções grupais podem ser lidas como um fluxo sociodinâmico, cujo desenvolvimento grupal apresenta alguns momentos de concentração de forças que podem ser destacados da intervenção relatada anteriormente. Esses momentos fazem parte de uma sequenciação e podem ser vistos por episódios:

1º episódio – "Se tiver de morrer, que seja com dignidade" e daí eu boiei

O público, estimulado pelo que contei sobre a vaca que caiu num barco no meio do oceano, iniciou um diálogo de "causos". Alguns contadores espontâneos trouxeram temas como o amor e a sexualidade de um avô, a morte, a maldição e o risco de morte por ingenuidade. O momento em que a moça contou seu "causo" da piscina foi o primeiro em que o grupo espontaneamente se comportou como um organismo coletivo inteiro e intenso. Quando a narradora disse: "Se eu tiver de morrer, que seja com dignidade", o grupo reagiu por inteiro, rindo, e ela completou: "E aí eu boiei". O público, espontaneamente, riu de novo, de uma maneira que não havia feito nas histórias anteriores. Aqui temos a atenção grupal focada e pulsante, por instantes, nessa narração que trouxe os temas da **sobrevivência e da imaturidade** pela primeira vez. O público se aliviou no seu boiar e sobreviveu coletivamente com ela. É interessante notar que a intervenção aconteceu três dias depois do dia de finados e que, portanto, esse poderia ser um tema que se ligasse a essa cultura de desconhecidos.

O importante aqui é que havia, nesse momento, um grupo, e que o aquecimento o havia levado a certa autonomia de escolhas do que lhe interessava como organismo vivo. Os temas da **morte**, do **perigo** e do **controle** que podemos ou não ter sobre as coisas passaram a ser cada vez mais relevantes nesse contexto grupal, configurando-se como uma das vertentes protagônicas que atravessaram a intervenção.

2º episódio – Diálogo intercênico das emoções das "esculturas fluidas"

O grupo formado já como organismo "conversou" ativamente sobre o que sentia por meio das emoções das "esculturas fluidas". A primeira emoção aberta por um manifestante grupal era a **euforia** oriunda da mente povoada de sensações e respondida ou praticamente rebatida com a emoção de **cansaço**. Lembrando que essa emoção emanava de um membro do grupo que estava inquieto, tentou aproximar-se da mãe com o bebê e foi rechaçado. Havia, portanto, uma emoção quando Beth pediu para não fazer parte da "escultura fluida", a **aflição**. Continuando a encarar esse movimento como grupal, a próxima emoção respondeu à euforia e ao cansaço com uma "recomendação grupal", por meio de uma manifestante, para enfrentar o conflito gerado com **entrega**, deixando que o controle se afrouxasse para se deixar acolher, voltando no tema do boiar da contadora de "causos". A próxima emoção, que na hora batizei de "surpresa", não foi nomeada pela narradora, a qual apenas disse que em cada "causo" contado ela pensava se iria rir ou ficar mais emotiva, indicando que ela talvez tivesse uma **tristeza** ou uma **angústia** para resolver, e estava na dúvida se purgaria ou se se alegraria para espantá-la e relaxaria. A pergunta era coletiva. O grupo deveria responder à própria questão: "Seguimos para rir ou chorar?

Seguimos para o enfrentamento duro, mexendo na ferida, ou rimos e nos livramos dele? Ou, ainda, rimos porque enfrentamos de outra maneira, profunda, mas sem tanto choro ou cutucações altamente psicologizadas?" Essa última questão, devo confessar, é via de regra minha preferida. Nesse tipo de intervenção, muitas vezes, acho que alguns colegas forçam desnecessariamente conteúdos muito individuais, perdendo o grupo como fluxo e como sabedor de seus destinos e encarando o choro como algo mais sério do que o riso. A leveza pode se associar à profundidade, e nem tudo o que é sisudo, pesado e sério não é superficial. Bem, é claro que aqui entram as crenças da direção, que podem alterar ou reiterar percursos, até porque nesse momento também faço parte do grupo. Contudo, também creio que o grupo se manifeste de alguma maneira se seu percurso for alterado contra seu fluxo, de tal forma que ou o ignoraria ou voltaria a retomá-lo. A essa pergunta, se o grupo naquele dia iria rir ou chorar, uma manifestante respondeu **alegria**. Claramente, nessa linha que adotamos de conversa entre o grupo, este respondeu que ficava com a alegria e explicou que seria uma alegria de ser acolhida, de que as pessoas pudessem se expor, misturando verdade e mentira (realidade suplementar), e que, dessa maneira, uma coisa se ligaria à outra. Uma parte do grupo, de certa forma, discordou, trazendo a **nostalgia**, ou seja, uma saudade de algo bom do passado, e portanto voltando à carga de tristeza do presente. Não é bem uma discordância, mas não é uma emoção tão risonha, pois contém a dor. A manifestante grupal falou sobre ser povoada por imagens que são suas e também de outras pessoas, e disse que um grande quadro foi se preenchendo em sua cabeça a cada "causo" contado. Essa moça, ao final, deu um depoimento e explicou **que alguns pensamentos em sua cabeça pareciam não ser seus**. Provavelmente, estava produzindo pensamentos novos, mas o importante é que se sentiu ligada ao grupo, deixando-se permear pelo seu coinconsciente. Segundo ela, havia uns pedaços nesse quadro como que colocados por outras pessoas. O individual e o coletivo trouxeram saudade, nostalgia, talvez até de um inconsciente coletivo também. Nesse momento, como condutora do diálogo, percebi um aquecimento vincular pleno e um grupo formado e descristalizado pelo menos livres de uma primeira camada de verniz social. Anunciei então que seria a última emoção. Nesse momento, ressurgiu a dor na emoção de **alívio**. Com o coinconsciente adensado e as bases coconstruídas para a sustentação grupal, a dor emocional pôde voltar em sua mistura com **raiva**, **perdão**, **tristeza**, lágrimas. A manifestante grupal relatou que chegou com muita **dor** e ali encontrou alívio. Pontuei que publicar sua dor a aliviou, pois ela chorou um pouco com seu bebê no colo. Ela, porém, fez questão de dizer que não tinha sofrido **injustiça** naquele contexto grupal, mas que o incômodo causado foi relativo ao bebê. O diálogo grupal foi tão forte nesse momento que não vi sentido em perguntar mais do que aquilo que ela generosamente se dispôs a nos dizer. Novamente, foi a intuição que me conduziu, sem que eu possa explicar totalmente essa ação pela metodologia. Cada membro desse grupo, em sua função específica, dentro dos papéis sociais acordados coletivamente, e em contexto grupal em que eu estava inserta também, preservou os detalhes da causa da dor.

3º episódio – "Calma, Beth, calma"

No desenvolvimento da intervenção, a tensão de Beth crescia e diminuía, e, como uma representante grupal da inquietação e do desconforto diante daquela mãe carregando seu bebê, e agora sabendo que havia uma dor e uma injúria cometida contra a criança, ela estoura tentando impedir o fluxo do grupo. Assim que entrei na fase de mergulho no conflito e dei as instruções para que as pessoas fechassem os olhos, ela pediu atenção para a própria dor. O profissional da filmagem também não mostrou nesse momento a volta da tensão mais forte, pois nem gravou a fala de Beth. Depois, explicou-me que, para ele, aquilo era uma mera interrupção do que deveria ser filmado. Mas, incomodada com a mãe e a criança ali, Beth pediu em alto e bom som para ser ouvida. Muitas vezes, já assisti a forças dissonantes num grupo percorrerem um caminho mais lírico e serem rechaçadas com aparente delicadeza, mas de fato funcionar como uma ordem de silêncio. No caso de nossa Beth, que dificilmente acataria tal ordem e possui uma sensibilidade imensa, ainda que algumas vezes descontrolada e agressiva, a guerra poderia ser forte. Minha opção, como já disse, foi pela inclusão no contexto grupal, contendo a ação dela pela organização e depois pela confirmação de que ela estaria me desrespeitando. A contenção permitiu que eu continuasse a metodologia, propondo que as pessoas fechassem os olhos e se recordassem de cenas ligadas ao caldo que já havia se formado até o momento. Porém, a tensão ficou marcada, incluída, mas não elaborada nem por Beth nem pelo grupo, que apenas se sentiu aliviado de poder seguir e, para quem a conhecia, de ela aceitar ser contida.

4º episódio – Cenas: o cotidiano me engolia, até que quebro o padrão e me arrisco a entrar na caverna, ou crio uma caverna improvável com um paraquedas mágico

O ciclo de diálogo intercênico pretende, na metodologia do TR, elaborar os temas protagônicos grupais apontados durante as fases anteriores num campo intensivo focado. A crença aqui é que o próprio grupo teria condições de "conversar" sobre suas dificuldades e dores de maneira metafórica, por intermédio da ressonância estética da equipe e da resposta do narrador seguinte. Por esse motivo, os comentários do narrador após a montagem devem ser breves, pois a ação dramática mantém o aquecimento dos estados espontâneos tanto do grupo quanto individuais. Portanto, nesse campo télico formado, o protagonista dos temas se levanta e sua cena propicia um "pensar maiúsculo" sobre a sociodinâmica grupal. Aqui, o pertencimento criativo é fundamental, pois acolhe o narrador como um arauto, que vai tecendo e entretecendo o CCS e o CICS.

Dessa maneira, em nossa intervenção, a primeira cena valorizou o tempo suspenso pelo avesso, considerando que a vida cotidiana não era aquela em que as pessoas se olhariam, se acolheriam e se relacionariam. Trouxe de volta o tema do "causo" do batedor de carteira, em que o hábito não é que as pessoas se interessem umas pelas outras, especialmente numa cidade como São Paulo. A cena da primeira narradora apontou o espaço da intervenção no centro cultural e naquela específica sala como um hiato, uma exceção, ao que a equipe de ego-atores respondeu, de certa forma, com o oposto. A correria seria coberta por véus protegendo o rosto, e somente quando as pessoas parassem para se relacionar, retirando seus filtros, é que o tempo retornaria ao ritmo natural. A leitura estética do grupo foi ressaltar a dor de não se relacionar com nada nem com ninguém, em nome do que se tem de fazer, dos deveres e de certo automatismo e proteção, de um medo de se expor.

A segunda cena dialogou com a primeira, penetrando mais nesse momento de parar para se relacionar. Convidou a um passeio em uma **caverna** que conduziria a Machu Picchu, lugar iniciático, mítico e sagrado. Uma utopia que **jovens imaturos** e despreparados, sem equipamentos adequados nem luz suficiente, tentaram seguir, **penetrando na sombra** do buraco e do **abismo**. Beth[66] e algumas pessoas saíram da sala enquanto o narrador descrevia esse lugar, ainda que sua descrição fosse muito interessante. O narrador fez alusão a um **gordo que entalara** e não conseguira entrar na caverna, não enfrentando o perigo e a aventura. Ainda mencionou que, na época, fazia sucesso o famoso filme do mito moderno de *Indiana Jones*, em que um arqueólogo buscaria a Arca da Aliança, que, se caísse em mãos inimigas (alusão a Hitler), tornaria seu exército invencível. A arca conteria documentos divinos e sagrados. Igualmente, há um território sagrado e misterioso atribuído aos Incas em Machu Picchu. As indicações da cena, ainda por curiosidade, falam de um país, o Peru, que liga

---

66. Depois, Beth voltou.

o Brasil ao Equador, país do nosso convidado estrangeiro. A aventura dos jovens da narrativa era em grupo, e estes desbravaram os medos do desconhecido perigoso, **juntos, em favor do sonho, da busca da lenda**. Uma fala final o colocou nos dias de hoje, considerando-se um **irresponsável** e trazendo sua divisão emocional entre a segurança, o **controle** e o **descontrole** totais. A cena se liga à história da moça que boiou, na qual uma imaturidade quase a matou e ligou fortemente o grupo, em sua busca de dignidade entregando-se e boiando. Nas emoções das "esculturas fluidas", a entrega também surgiu como algo bom para que parássemos de tentar controlar aquilo sobre o que não se tem de fato controle, como os perigos, as divindades. De outro lado, tínhamos o descontrole de Beth, que não era uma entrega, e sim um medo. A criança, que foi levada a um ambiente que ela considerava inadequado, surpreendentemente dormiu no meio do barulho e do movimento do grupo. O bebê se entregou a um fluxo de energia que, no mínimo, não o incomodava.

A equipe de ego-atores respondeu à narrativa com uma montagem de realismo épico e com elementos da divisão, representados por um realismo fantástico, na técnica da "sombrinha", por meio de um anjo e um demônio – ou, como chamamos, "anjinho e diabinho". A divisão, que seria de um narrador atual, acompanhou a cena de 20 anos atrás com os companheiros que foram se perdendo no caminho. A equipe, coinconscientemente, valorizou muito o gordo que entalou, assim como a nossa Beth, que não passava na nossa caverna. Quando, vendo o filme, observei a combinação dos ego-atores, pareceu-me que esse gordo não era tão importante quanto ele se tornou em cena. Mas eles falaram da ligação entre a cena contada pelo narrador e o medo de Beth, querendo superproteger o bebê, que no ponto de vista dela estaria em risco, de quanto o enfrentamento do risco poderia fortalecer o grupo. Na encenação, a luz se apaga, e um amigo quer acender um fósforo, que ameaçava explodir o interior da caverna. Para nossa leitura, poderia estar falando da ameaça de explosão no grupo, em minha "discussão" com Beth, momento em que ficamos sem luz por algum tempo. Mas o amigo conseguiria reacender a luz para que não se morra, como o "causo" da maldição do cadáver, contado no início da intervenção. Vários amigos, não presentes na cena, conseguiriam chegar até esse ponto, como os participantes da intervenção de fato saíram. Tudo isso foi acompanhado por congelamentos dos ego-atores para a discussão entre o anjinho e o diabinho, que aconselhavam direções opostas, mas aceitavam o caminho que o personagem/narrador tomava. Ao final, a cena mostrou certa amizade entre o personagem/narrador e seus aspectos internos paradoxais de cuidado e de ousadia. A equipe preservou em cena o "pedido" do narrador de não permitir que uma parte de si mesmo se submetesse a outra: ele correria o risco novamente, mesmo sabendo que havia certa imaturidade e irresponsabilidade.

O grupo penetrou em sua caverna sagrada e não achou nenhum tesouro, mas sim a própria possibilidade de escolhas e sua potência. Nesse campo intensivo, focado, o grupo, guiado pela narrativa, enfrentou seus medos, abandonou cristalizações vazias de um cotidiano "sempre igual" (referência à primeira cena) e chegou a um abismo, escuro, no qual poderia cair. Lembremos que a primeira cena era de uma estudante, a segunda de um grupo de estudantes de curso técnico e a terceira de professores em início de carreira, guiados por um mestre mais experiente. A sequência é como um gradativo caminho de maturação.

A terceira cena, que fechou o diálogo dramático dos conflitos do dia, foi surpreendente, pois trouxe o grupo de colegas subindo a montanha, com muito **frio** e **buscando acolhimento** nessa nova aventura e desafio. De uma quase queda no abismo, o grupo simbolicamente partiu para uma subida de patamar (a montanha). Um paraquedas, que serviria normalmente para voar, aqui se transformou em uma cabana, uma barraca mágica, pois foi montada por uma ação coordenada em grupo, com uma **liderança que sabia como fazer, mas não poderia fazer sozinha**. Surpresa.

Ficou quente. O grupo presente no dia, pelas mãos da narradora, chegou a Machu Picchu e, afinal, à Arca da Aliança de *Indiana Jones*. Esta era o próprio grupo, aquecido pelo hiato do acolhimento de si mesmo e pela mão de um líder mais experiente. E, para **celebrar, um chocolate para comer,** *Mars Bar*, e outro chocolate quente para beber, regado a muita conversa entre os membros daquele grupo de professores iniciantes. A narradora anunciou que, saindo da intervenção, sabia o que encontraria lá fora, pois **o tempo não havia parado**: o trânsito e o filho que certamente não teria feito a lição. Mas contou que **estava mais potente para esse enfrentamento**. Ela anunciava a potência nova do grupo presente ao evento, em seus sonhos e caminhos.

Ego-atores responderam na última encenação, em seu "espelho ressonante", recuperando todas as cenas, como uma síntese. Esse não é um procedimento habitual da equipe. Mas, aqui, voltaram a parar o tempo, com seus véus e o cotidiano difícil da primeira cena, e entrando na caverna novamente, agora em busca da Inglaterra, onde encontraram uma mochila mágica. Esta já estava presente no "causo" contado pela mãe com o bebê que, quando conheceu o pai de seu filho, numa linda praia, carregava uma mochila às costas, como se fosse sua casa, e agora carregaria o nenê na sua frente e não mais às costas. Na encenação, da mochila cênica saíram elementos mágicos: um paraquedas que virou cabana e chocolates para saciar a fome e a sede do corpo, além do prazer enorme para o espírito. O chocolate, intuitivamente comprado pela equipe, nesse momento era um chocolate de fato. Ao final, dizem que acabou a cena e a vida continuou, mas com outra fome: muita vontade de comer *Mars Bar*. Tecnicamente, não saíram da caverna para as montanhas, e, ao final, um participante denunciou isso com a pergunta: caberia tudo aquilo naquela caverna? Será?

5º episódio – Instante diamante

Quando formamos a "roda indígena" novamente, na fase de compartilhamento da plateia e da equipe, as pessoas voltaram ao chamado "contexto grupal", no palco, mas não mais em um "contexto dramático", mas sim um "contexto social", do lado de fora de "nossa caverna".

O segundo narrador fez uma longa fala, que era um misto de depoimento e síntese do trabalho. Repito e destaco as frases dele que assinalei no relato: "Mas, de repente, eu tomei consciência de que tudo era cotidiano. Quando vivi aquela aventura, era cotidiana. Não imaginava que aquilo fosse tão surpreendente. Parece que é como a formação de um diamante. Vou sair daqui e vou ver minha filha, isso é cotidiano. Mas de repente, daqui a cinco anos, isso não vai mais ser cotidiano".

Ele ainda perguntou se, na cena feita pelos ego-atores, eles saíram da caverna para entrar nas montanhas da Inglaterra.

O ego-músico convidado, vindo do Equador, de certa maneira, respondeu à pergunta do participante, contando suas aventuras nessa viagem ao Brasil, e que ali agora seria a caverna dele.

Os comentários do público eram tão impressionantes que pareciam encomendados, de tão simbólicos do processo. Esse mesmo músico nos brindou, para fechar o trabalho e podermos voltar ao cotidiano, transformados ou não, com uma linda valsa francesa ao acordeom.

A leitura feita neste trabalho não pretende esgotar as possibilidades simbólicas da intervenção, mas apenas demonstrar a riqueza da metodologia.

4 E, afinal, o Teatro de Reprise como uma expressão do poético do teatro no sociopsicodrama

Desde o meu primeiro contato com o PBT, em 1993, e de meu estranhamento, perguntando-me se aquela metodologia seria algo realmente inovador ou meramente um "modismo" estrangeiro, transcorreram 23 anos. E parece que a resposta para minha questão já se encontrava nessa sensação inicial de que fazíamos algo parecido nas aulas de Clóvis Garcia. O papel âncora de Clóvis era no teatro artístico, onde praticava o sociopsicodrama sob o viés estético, pressupondo um público e um texto anterior, mesmo que aberto para a improvisação. A plateia a que assistia, nesse caso, não era uma plateia passiva, e o texto trazido por ele era um esboço do conteúdo a ser ensinado, com o seu viés ideológico, como acontece com todo professor. As técnicas usadas por Garcia eram genuinamente psicodramáticas, como inversão de papéis, duplo, solilóquio, interpolação de resistência.

Suas inesquecíveis aulas sobre análise de textos literários ou sobre História do Brasil, utilizando recursos psicodramáticos, traziam um princípio de enredo preparado anteriormente, desenvolvido com os alunos, que passavam a refletir sobre alguns detalhes fundamentais da história, sobre os quais nunca haviam pensado. Por exemplo, ele contava do encontro entre D. João VI, seu filho Pedro, José Bonifácio, um consultor inglês e um jornalista. Convocava a plateia de alunos da pós-graduação a ocupar esses papéis psicodramáticos numa cena histórica de reunião para resolver se o filho ficaria ou não no Brasil como Príncipe Regente, enquanto o pai assumia o trono em Lisboa (Portugal estava em guerra e exigindo sua volta). O texto já era dado por Clóvis, contando-nos que não era uma decisão, e sim um aconselhamento ao filho para ficar, principalmente da parte do inglês, que tinha fortes interesses econômicos envolvidos nos portos brasileiros. Ele ia contando isso à medida que aquecia cada um dos personagens. Enquanto a dramatização/improvisação acontecia, aos poucos, mostrando as relações de pai e filho e a defesa econômica de interesses dos poderosos, ele afinal propunha um brilhante desdobramento das forças surgidas na cena, de maneira simbólica, que analisava cada fator da reunião. Vi essa dramatização três vezes na pós-graduação, uma como aluna e duas como ego-auxiliar, quando Garcia mostrava como dar aulas a vários níveis do ensino curricular. Em todas as ocasiões, havia um susto do grupo ao constatar, na dramatização simbólica, o "conchavo" político que deixava flagrantemente o povo de fora dessa decisão. Ou seja, o Brasil como povo já interessava muito pouco ao poder vigente. É claro que os alunos da pós-graduação já sabiam disso; mas, se mesmo sabendo eles se impactavam com a percepção tão clara, que dirá dos jovens de ensino médio ou fundamental, para quem a aula teoricamente seria destinada. Viver os diversos personagens e encarnar os papéis de um pai e seu filho, um rei e um príncipe, um comerciante paulista, um jornalista ou um inglês funcionando como eminência parda trazia tridimensionalidade ao tema e propunha desdobramentos criativos e diferentes em cada grupo.

E aí, sim, o detalhe: Clóvis sempre perguntava ao seu emergente grupal se queria entrar em cena ou assistir, ou seja, escolher se ficaria como autor e plateia. Se a pessoa escolhesse assistir, poderia ser consultada a qualquer momento para redirecionar a cena, mas assumia o risco de a grupalidade dos atores espontâneos se manifestar sobre a sua construção inicial de cena. Não sei como Garcia teve a ideia de fazer isso, mas sua atuação tinha um desprendimento que não era corrente na época. Os fatos de induzir a cena com um texto trazido previamente ou de deixar o emergente grupal fora de cena poderiam ser considerados erros de procedimento sociopsicodramático na época, pois o improviso não era total. Havia um texto prévio e, mais do que isso, um estudo anterior do mestre, indicando o resultado ao qual o grupo de alunos chegaria.

Para mim, no entanto, tudo isso se descortinava como uma nova possibilidade de entendimento do sociopsicodrama, que eu estudara por quatro anos com exclusivo foco psicoterápico (1979-1982), e, nesse momento (1984-1989), encontrava-me permeada pelo discurso teatral, no mestrado.

Entretanto, o percurso seguido pela socionomia, pela sociometria e pelos estudos sobre grupos foi se afastando da matriz teatral, prejudicando ambas as partes. O sociopsicodrama, afastado da arte, mergulhou na ciência e no mundo dos resultados, o que contribuiu muito para seu desenvolvimento, mas ficou carente de poesia; o teatro, para se libertar de uma linguagem "arrumadinha", se distanciou do público e deixou de considerá-lo um fenômeno grupal. Isso vem sendo revertido por iniciativa de ambos os lados, e cresce a cada dia o diálogo da ciência com a arte.

Longe de misturar sociopsicodrama e teatro artístico e considerá-los a mesma coisa, pretendo contribuir exatamente no sentido de que essa aproximação permita que se toquem naquilo que têm em comum, de maneira integrada.

O Teatro de Reprise (TR), como uma modalidade de sociopsicodrama, adota o ponto de vista da socionomia ou o estudo das leis sociais. Portanto, o viés é de uma grande angular grupal que transita na intersecção entre o individual e o coletivo. O indivíduo é visto "em relação", e o foco de atuação é necessariamente na relação entre pessoas, em que a subjetividade individual é acolhida e compreendida, sem ser interpretada do ponto de vista do "psiquismo", como objeto de estudo. Isto é, o foco está na rede da qual o indivíduo emerge e nas manifestações dessa rede, por meio desse e de suas inquietações subjetivas. Por esse motivo, narrador, protagonista e personagem são tratados como representantes grupais e, portanto, a constituição e o adensamento do grupo como contrato coconsciente e coinconsciente devem, desde o início da intervenção, propiciar a constituição e expressão de um grupo. Grupo aqui é entendido como o coletivo de todos os presentes, incluindo a equipe, que tem a função diferenciada de colocar (e trabalhar com) o conteúdo das narrativas, lendo e significando-as.

O PBT interliga as histórias para que formem uma história coletiva, diferentemente da modalidade sociopsicodramática do Teatro de Reprise, que primeiro facilita a conexão grupal para que então emerjam cenas individuais (e não histórias) representativas da voz do grupo.

O Teatro de Reprise é uma metodologia sociopsicodramática brasileira, que se distingue do PBT original principalmente por seu foco na grupalidade. Ainda que o PBT intervenha nos grupos construindo comunidades, como diz Salas (2000, p. 141), a constituição do ser grupal como organismo não é seu objetivo do início ao final da intervenção. O TR, por outro lado, tem como preocupação principal a formação do grupo, para que transformações individuais e grupais sejam possíveis e para que a intervenção ocorra, propiciando o desenvolvimento por meio de jogos dramáticos, técnicas e encenações e evidenciando as manifestações grupais presentes nas narrativas e nas emoções individuais. A individualidade é resgatada, no sentido de desestimular simbioses circunstanciais de subgrupos, para que, gradativamente, cada um possa se dirigir com liberdade para um sentimento comum da grupalidade, como em qualquer intervenção sociopsicodramática. A técnica da "fantasia dirigida", como um mergulho direto na intersecção entre as subjetividades individual e grupal, fortalece essa autonomia e valoriza a história pessoal como moeda de pertencimento. A partir do pertencimento coletivo, inicia-se um ritual de ciclos cênicos que dialogam entre si, protagonizados por narradores consecutivos da história daquele específico grupo.

O TR ainda se instrumentaliza de sua etapa de compartilhamento, inexistente no PBT, para integrar as emoções e transformações grupais em troca de experiências, explicitações de alívios, "caronas" e desconfortos num momento em que a emoção se expressa de maneira balanceada entre os aspectos racional e emocional da plateia. Também há uma síntese feita pelo diretor, que capta o percurso do grupo, sem teorias nem conclusões, mas com a função de auxiliar o grupo a se afastar criticamente do seu caminho emocional e observar a potência e a riqueza grupais. Assim, os temas protagônicos, os conflitos e as dores compartilhados geram um movimento novo e estético.

Além disso, há uma maneira de ler esse ser grupal como organismo. O contrato com o grupo da intervenção, que rege os objetivos, é considerado um acordo coconsciente (CCS). Concomitantemente a esse acordo, há uma preocupação focada da equipe produtora do evento em promover e adensar a comunicação inconsciente e compartilhada por meio de um ritual artístico que mobiliza a cultura comum do grupo. As comunicações CCS e CICS também são evidenciadas no evento como uma condição de trânsito entre os dois estados que torna o ser grupal apropriado das ações, demonstrando que há uma equidade de participação e que todos podem ter voz e interferir nos destinos da intervenção. Com isso, há a busca da transformação como meta, uma transformação estética na qual cada cena fomenta mais transformações no grupo, procurando produzir a maior espontaneidade possível, o que afeta favoravelmente o processo de aprendizado individual e grupal. A arte aqui potencializa a comunicação entre CCS e CICS e propicia a descoberta de informações que não foram ditas e de sensações que não foram transmitidas de maneira visível.

Vários métodos podem desvelar estados CICSs, por liberar o lúdico e a comunicação inconsciente, e o TR se coloca entre eles como uma metodologia que multiplica sentidos e produz conhecimento porque se interessa em cocriar novas leituras de cenas guardadas e imaginadas na memória, além de favorecer a criatividade individual e coletiva pela vivência direta ou indireta de vários papéis.

A intervenção exemplo mostra, na prática, as etapas e as manobras da busca da grupalidade e da inclusão, e evidencia que a metodologia de fato facilita as reflexões éticas e a conscientização individual das transformações que cada um pode realizar como cidadão ou na sua vida íntima. A ética aqui é entendida como o que o sujeito se torna e que só depende dele, como seu aspecto ativo, que o atualiza e no qual a crítica ressentida não tem lugar. A intervenção propositalmente escolhida em um espaço público e cultural sugere que a criação dessas situações que acolhem subjetividades deve se multiplicar como uma potencial voz da comunidade. Podem também se tornar espaços de conquista cidadã e de aprendizagem recíproca, que propiciam coconstruções de conceitos, formas novas de viver e multiplicadores sociais encarnados nos participantes em suas comunidades de referência. Dessa maneira, "desmapeando subjetividades" (Rolnik, 2007, p. 109) e perdendo o contorno individual marcado, parte para uma experiência coletiva de autoria grupal mediante narrativas individuais. A produção de um grupo, assim constituído, pode ter um tom e uma melodia mais dramáticos ou cômicos, dependendo do tom exato em que o grupo se compuser no momento, mas pretende-se que devolva a seus membros uma individualidade renovada. "Pode-se medir o valor terapêutico ou educativo de um instrumento por meio do quanto ele estimula a autonomia dos indivíduos e dos grupos. O psicodrama e o sociodrama são instrumentos que favorecem altos níveis de autonomia" (Moreno, 2008, p. 299).

Eu realmente acredito que o potencial do sociopsicodrama e, especificamente, do Teatro de Reprise esteja subaproveitado nos meios educacionais de adultos e crianças e nos meios artísticos. Provocar estados aquecidos de espontaneidade afeta favoravelmente os processos de aprendizagem. Além disso, gente se encontrando e vibrando num mesmo diapasão carrega uma experiência profunda, que toca, contagia e afeta cada um, principalmente se a linguagem metafórica do teatro fizer parte do processo. Proximidade e profundidade criam certa conexão em que "se escutam" conteúdos desconhecidos, sem que sejam ditos. Essa conexão, fina e "sagrada", perpassa delicadamente a grupalidade com a força de saber algo que, numa escuta cotidiana, não se conheceria. Dessa maneira, há uma vivência télica e ao mesmo tempo ritualística de aceitação das diferenças na qual, mediante uma direção sensível, poder-se-ia coconstruir um sentido do próprio movimento grupal. O Teatro de Reprise, alinhado com os princípios sociopsicodramáticos da inclusão e da alegria, contribui para um dos grandes desafios atuais da nossa sociedade: retomar a noção de que somos seres grupais, de que temos de construir coletivamente os nossos caminhos em contraposição ao individualismo e ao consumismo vigentes, além de prevenir uma violência sempre existente em grupos humanos, porém cada vez mais perigosa e poderosa.

Em relação à história do Teatro de Reprise, faço uma pergunta relevante: se o sociopsicodrama é arte, que interesse os profissionais das artes cênicas poderiam ter pelo sociopsicodrama?

Acredito que ter uma vivência artística é arte e faz de cada membro de um grupo um artista, inspirado e com potencial de produzir mais arte, transbordando do grupo que partilhou a experiência. Quanto à contribuição artística para os profissionais de artes cênicas, eles certamente poderão refletir sobre seu preparo com grupos, tanto entre si quanto em relação ao público, como um grupo do qual faz parte enquanto se apresenta. O estudo dos caminhos da formação e manutenção de campos de força em que a ressonância flua, incluindo movimentos grupais e a emoção, é parte importante do trabalho do artista.

Espero ter contribuído para diminuir a distância entre a psicologia e a arte, de tal forma que os artistas possam estudar seus personagens como ressonâncias estéticas e não somente pelo viés racional ou da mistura com seus preconceitos, principalmente com os doentes mentais. Cada um de nós tem qualquer grau de "loucura" que nos torna mais ricos e diferentes uns dos outros, e, na medida do possível, não devemos temer nossos monstros e sombras, mas dialogar metaforicamente com eles.

Também gostaria de reforçar a importância de metodologias lúdicas como o TR para aprendizagem de adultos e para direcionar suas próprias referências de vida, valorizando-as e desenhando perspectivas futuras. Relacionar-se de maneira intensa, com entrega e corresponsabilidade, dentro de condições que respeitem as pessoas, promove vivências grupais significativas, altamente transformadoras. Quando falamos de arte teatral, que há séculos expressa o que as comunidades humanas pensam sobre si mesmas e sobre seus deuses pela potência estética, sabemos que poderíamos influenciar suas condutas e desenvolver uma crítica que mova para a ação e não para a passividade deprimida que só busca consumir para suprir a falta de objetivos.

Bibliografia

AGUIAR, A. O. "Teatro de reprise: confissões de um músico amador num mar de psicodramatistas". In: AGUIAR, M. (org.). *Psicodrama e emancipação: a escola de Tietê*. São Paulo: Ágora, 2009, p. 375-84.

AGUIAR, M. *Teatro da anarquia: um resgate do psicodrama*. Campinas: Papirus, 1988.

_____. *Teatro espontâneo e psicodrama*. São Paulo: Ágora, 1998.

_____. "O teatro espontâneo como intervenção socioeducativa". In: FLEURY, H. J.; MARRA, M. M. (orgs.). *Grupos: intervenção socioeducativa e método sociopsicodramático*. São Paulo: Ágora, 2008, p. 141-56.

_____. (org.). *Psicodrama e emancipação: a escola de Tietê*. São Paulo: Ágora, 2009.

ANDRADE, J. de; SOARES, L. F. A.; HUCK, R. *Identidade cultural no Brasil*. Cascavel: A9 Editora, 1999.

ARISTÓTELES. *Poética*. São Paulo: Nova Cultural, 1907-1990 (compilação de obras).

BENGHOSI, P. "Paradoxalidade do laço de aliança e malha genealógica dos continentes e da família". In: RAMOS, M. (org.). *Casal e família como paciente*. São Paulo: Escuta, 1999.

BENJAMIN, W. "A obra de arte na época de suas técnicas de reprodução". In: *Benjamin, Adorno, Horkheimer, Habermas. Textos escolhidos*. São Paulo: Abril Cultural, 1980 (Coleção Os pensadores), p. 3-28.

BERGSON, H. *O riso*. Rio de Janeiro: Zahar, 1980.

BINER, P. *O living theatre*. Lisboa: Forja, 1976.

BLATNER, A. *Uma visão global do psicodrama: fundamentos históricos, teóricos e práticos*. São Paulo: Ágora, 1996.

BOAL, A. *200 exercícios e jogos para o ator e o não ator com vontade de dizer algo através do teatro*. 5. ed. Rio de Janeiro: Civilização Brasileira, 1983.

_____. *Teatro do oprimido e outras poéticas*. Rio de Janeiro: Civilização Brasileira, 2010.

ROSANE RODRIGUES

_____. *Jogos para atores e não atores.* Rio de Janeiro: Civilização Brasileira, 2011, v. 14.

BRECHT, T. B. *A peça didática de Baden-Baden sobre o acordo.* Rio de Janeiro: Paz e Terra, 1988 (Coleção Teatro Completo), v. 3.

BROOK, P. *O espaço vazio.* Lisboa: Orfeu Negro, 2011.

BUSTOS, D. M.; NOSEDA, E. *Manual de psicodrama: en la psicoterapia y en la educación.* Buenos Aires: RV Ediciones, 2007.

CAILLOIS, R. *Les jeux et les hommes: le masque et le vertige.* Paris: Idées/ Gallimard, 1967.

CAMPOS, G. *Glossário de termos técnicos do espetáculo.* São Paulo: Ediouro, s/d.

CARDOSO NETO, A. V. *Avaliação do processo do "Playback Theatre" como um recurso para treinamento.* 2007. Dissertação (Mestrado em Psicologia) – Universidade Federal de Santa Catarina, Florianópolis.

CEPEDA, N. A.; MARTIN, M. A. F. *Masp 1970: o psicodrama.* São Paulo: Ágora, 2010.

CESARINO, A. *et al. 02 anos de psicodrama público no Centro Cultural: um encontro com a finalidade de experimentar ser ator e autor de suas próprias histórias com sentidos individuais e coletivos, ao mesmo tempo.* São Paulo: edição caseira, 2005.

CONTRO, L. C. *Psicodrama e arte: leituras extras.* São Paulo: Companhia do Teatro Espontâneo, 1996.

_____. *Grupos de apoio ao processo de trabalho: articulações teórico--práticas entre psicodrama e análise institucional.* 2009a. Tese (Doutorado em Saúde Coletiva) – Departamento de Medicina Preventiva e Social, Faculdade de Ciências Médicas, Universidade Estadual de Campinas, Campinas, São Paulo.

_____. "Veredas da pesquisa psicodramática entre a pesquisa-ação crítica e a pesquisa-intervenção". *Revista Brasileira de Psicodrama.* v. 17, n. 2, 2009b.

_____. *Psicossociologia crítica: a intervenção psicodramática.* Curitiba: CRV, 2011.

COUTINHO, E. T. *O mimo e a mímica. Uma contribuição para a formação do ator brasileiro.* Dissertação de mestrado em Artes. São Paulo: Universidade de São Paulo, 1993.

CUKIER, R. "Como sobrevivem emocionalmente os seres humanos?" *Revista Brasileira de Psicodrama.* v. 1, fasc. II, 1995, p. 59-79.

_____. *Palavras de Jacob Levy Moreno.* São Paulo: Ágora, 2002.

CUSCHNIR, L. (org.). *J. L. Moreno. Autobiografia.* São Paulo: Saraiva, 1997; texto originalmente publicado no *Journal of Psychodrama, Group*

Psychotherapy and Sociometry, v. 42, n. 1 e 2, 1989. Publicação em português autorizada a Luiz Cuschnir pelos herdeiros de J. L Moreno, Zerka Moreno e Jonathan Moreno.

DAVOLI, M. A. "O teatro espontâneo e suas terminologias". *Revista Brasileira de Psicodrama*. v. 3, fasc. I, 1995, p. 15-20.

_____. "Aquecimento: caminhos para a dramatização". *Revista Brasileira de Psicodrama*. v. 5, n. 1, 1997, p. 51-61.

_____. "Cenas psicodramáticas: psicodrama líquido". *Revista Brasileira de Psicodrama*. v. 14, n. 1, 2006, p. 79-90.

DESGRANGES, F. *A pedagogia do espectador*. São Paulo: Hucitec, 2003.

DINI, D. C. *Contribuição ao estudo do coconsciente e do coinconsciente no psicodrama*. Monografia Nível I para psicodramatista. São Paulo: DPSedes, 1983.

DORON, R.; PAROT, F. *Dicionário de psicologia*. Lisboa: Climepsi, 2001.

_____. *Dicionário de psicologia*. São Paulo: Ática, 2007.

FALIVENE ALVES, L. R. "O protagonista: conceito e articulações na teoria e na prática". *Revista Brasileira de Psicodrama*. v. 2, fasc. I, 1994, p. 49-55.

FANCHETTE, J. *Psicodrama y teatro moderno*. Buenos Aires: Pleyade, 1975.

FÉO, M. S. "Direção socionômica multidimensional AGRUPPAA e a fé tácita no eterno retorno". *Revista Brasileira de Psicodrama*. v. 17, n. 1, 2009, p. 87-104.

FIGUSCH, Z. "O modelo contemporâneo de sociodrama brasileiro". In: FLEURY, H. J.; MARRA, M. M. (orgs.). *Sociodrama: um método, diferentes procedimentos*. São Paulo: Ágora, 2010, p. 19-41.

FOX, J. F. "A ritual for our time". In: DAUBER, H.; FOX, J. (orgs.). *Gathering voices: essays on Playback Theatre*. New Paltz: Tusitala, 1999, p. 116-34.

FREIRE, P. *Pedagogia do oprimido*. Rio de Janeiro: Paz e Terra, 1983.

FREITAS, L. V. *A psicoterapia como um rito de iniciação. Estudo sobre o campo simbólico através de sonhos relacionados no self terapêutico*. 1987. Dissertação (Mestrado em Psicologia Clínica) – Instituto de Psicologia, Universidade de São Paulo, São Paulo.

_____. "Panorama dos conceitos junguianos". In: ALBERTINI, P.; FREITAS, L. V. (orgs.). *Jung e Reich: articulando conceitos e práticas*. São Paulo: Guanabara Koogan, 2009a, p. 16-31.

_____. "Jung e a cultura". In: ALBERTINI, P.; FREITAS, L. V. (orgs.). *Jung e Reich: articulando conceitos e práticas*. São Paulo: Guanabara Koogan, 2009b, p. 79-96.

GONÇALVES NETO, J. N. "Moreno e Bergson". In: AGUIAR, M. (org.). *O psicodramaturgo. J. L. Moreno (1889-1989)*. São Paulo: Casa do Psicólogo, 1990, p. 119-32.

Jung, C. G. *O eu e o inconsciente.* 7. ed. Petrópolis: Vozes, 1987, v. 7/2.

Knobel, A. M. A. A. C. "Estratégias de direção grupal". *Revista Brasileira de Psicodrama.* v. 4, fasc. I, 1996, p. 49-62.

_____. "Estratégias de direção grupal". In: Fonseca, J. *Psicoterapia da relação.* São Paulo: Ágora, 2000.

_____. *Moreno em ato: a construção do psicodrama a partir das práticas.* São Paulo: Ágora, 2004.

_____. "Sociometric scenarios". In: Baim, C.; Burmeister, J.; Maciel, M. *Psychodrama: advances in theory and practices.* Londres e Nova York: Routledge, 2007, p. 215-25.

_____. "Coconsciente e coinconsciente em psicodrama". *Revista Brasileira de Psicodrama.* v. 19, n. 2, 2011, p. 139-152.

Marineau, R. F. *Jacob Levy Moreno: pai do psicodrama, da sociometria e da psicoterapia de grupo.* São Paulo: Ágora, 1992.

Mascarenhas, P. "Multiplicação dramática". *Revista Brasileira de Psicodrama.* v. 4, n. 1, 1996, p. 13-21.

Menegazzo, C. M.; Tomasini, M. A.; Zuretti, M. M. *Dicionário de psicodrama e sociodrama.* São Paulo: Ágora, 1995.

Merengué, D. "Devanir Merengué: quatro textos". *Leituras extras.* São Paulo: Companhia do Teatro Espontâneo, 1996.

_____. "Corpos tatuados, relações voláteis: sentidos contemporâneos para o conceito de conserva cultural". *Revista Brasileira de Psicodrama.* v. 17, n. 1, 2009, p. 105-14.

Monteiro, A.; Merengué, D.; Brito, V. *Pesquisa qualitativa e psicodrama.* São Paulo: Ágora, 2006.

Moreno, J. L. *Fundamentos do psicodrama.* São Paulo: Summus, 1983.

_____. *O teatro da espontaneidade.* São Paulo: Summus, 1984.

_____. *The autobiography of J. L. Moreno, MD.* Arquivos de Moreno, Universidade de Harvard, Boston, Estados Unidos, 1985 (direitos autorais de Zerka T. Moreno e Jonathan D. Moreno).

_____. *Psicodrama.* São Paulo: Cultrix, 1987.

_____. [1934] *Quem sobreviverá? Fundamentos da sociometria, psicoterapia de grupo e sociodrama.* Goiânia: Dimensão, 1992, 3 v.

_____. *Autobiografia.* São Paulo: Saraiva, 1997.

_____. *Psicoterapia de grupo e psicodrama.* Campinas: Livro Pleno, 1999.

_____. *Quem sobreviverá? Fundamentos da sociometria, da psicoterapia de grupo e do sociodrama.* Edição do estudante. São Paulo: Daimon, 2008.

MORENO, J. L.; MORENO, Z. T. *Psicodrama: terapia de ação & princípios da prática*. São Paulo: Daimon, 2006.

MORENO, Z. T. *et al*. *A realidade suplementar e a arte de curar*. São Paulo: Ágora, 2001.

MOTTA, J. C. *Psicodrama brasileiro: história e memórias*. São Paulo: Ágora, 2008.

NAFFAH NETO, A. *Psicodrama: descolonizando o imaginário*. São Paulo: Plexus, 1997.

NERY, M. P. *Grupos e intervenção em conflitos*. São Paulo: Ágora, 2010.

NERY, M. P.; CONCEIÇÃO, M. I. G. (orgs.). *Intervenções grupais. O psicodrama e seus métodos*. São Paulo: Ágora, 2012.

PAVIS, P. *Dicionário de teatro*. São Paulo: Perspectiva, 2008.

PAWEL, C. H. "Grupo Reprise – Quem se candidata ao anonimato? Linhas críticas". *Revista semestral da Faculdade de Educação*. v. 4, n. 7-8, jul. 1998-jun. 1999, p. 147-52.

PERAZZO, S. *Ainda e sempre psicodrama*. São Paulo: Ágora, 1994.

_____. "Psicodrama grupal". In: CONCEIÇÃO, M. I. G.; NERY, M. P. (orgs.). *Intervenções grupais: o psicodrama e seus métodos*. São Paulo: Ágora, 2012, p. 73-93.

PLAUT, F.; SAMUELS, A.; SHORTER, B. *Dicionário crítico de análise junguiana*. Rio de Janeiro: Imago, 1988.

REÑONES, A. V. "Catarse de integração: uma pequena viagem etimológico--conceitual". *Revista Brasileira de Psicodrama*. v. 4, fasc. II, 1996, p. 35-48.

_____. *Do Playback Theatre ao teatro da criação*. São Paulo: Ágora, 2000.

_____. "Psicodrama e história: Walter Benjamin. Psicodrama e a ação criadora". *Revista Brasileira de Psicodrama*. v. 11, n. 1, 2003, p. 115-30.

RODRIGUES, D. "Equidade na educação: alimento ou remédio?" In: EDUCAÇÃO INCLUSIVA. *Revista da Pró-Inclusão: Associação Nacional de Docentes e Educação Especial*. v. 3, n. 1, jul. 2012, p. 26.

RODRIGUES, R. A. *O psicodrama e o ensino: aplicação de técnicas psicodramáticas no ensino de um teste de personalidade*. 1988. Dissertação (Mestrado em Artes Cênicas) – Escola de Comunicações e Artes, Universidade de São Paulo, São Paulo.

_____. "Um pouco de teatro para psicodrama-artistas". *Revista Brasileira de Psicodrama*. v. 2, ano I, 1990, p. 11-20.

_____. "Jogo em espaço aberto". In: MOTTA, J. (org.). *O jogo no psicodrama*. São Paulo: Ágora, 1995, p. 111-22.

ROSANE RODRIGUES

_____. "A escolha profissional na cena do Teatro de Reprise". In: FLEURY, H. J.; MARRA, M. M. (orgs.). *Intervenções grupais nos direitos humanos*. São Paulo: Ágora, 2005, p. 69-91.

_____. "Intervenções sociopsicodramáticas: atualização e sistematização de recursos, métodos e técnicas". In: FLEURY, H. J.; MARRA, M. M. (orgs.). *Grupos. Intervenção socioeducativa e método sociopsicodramático*. São Paulo: Ágora, 2008a, p. 101-23.

_____. "Quadros de referência para intervenções grupais". *Revista Brasileira de Psicodrama*. v. 1, 2008b, p. 75-91.

RODRIGUES, R. A.; COUTINHO, E. "Desatando e atando nós: uma técnica para grupos". *Revista Brasileira de Psicodrama*. v. 17, n. 2, 2009, p. 131-39.

RODRIGUES, R. A.; COUTINHO, E.; BAREA, J. C. "Psicodrama público e Teatro de Reprise. Alice em busca do país da liberdade e da transformação". In: *Revista Brasileira de Psicodrama*. v. 2, n. 1, 2012, p. 155-71.

RODRIGUES, R. A.; KNOBEL, A. M. A. A. C. "Dois encerramentos e dois olhares". In: *Práticas grupais contemporâneas. A brasilidade do psicodrama e de outras abordagens*. São Paulo: Ágora, 2006, p. 43-86.

RODRIGUES, R. A.; YUKIMITSU, R. O. "O jogo da loja mágica: uma leitura e ampliação para uso clínico com crianças". *Revista Brasileira de Psicodrama*. v. 22, n. 1, 2014.

ROJAS-BERMÚDEZ, J. G. *Introdução ao psicodrama*. São Paulo: Mestre Jou, 1977.

ROLNIK, S. *Cartografia sentimental: transformações contemporâneas do desejo*. Porto Alegre: Sulina, 2007.

RUSSO, M. L. N. *O teatro de reprise na perspectiva do ator e diretor: semelhanças e diferenças*. Monografia nível I para psicodramatista. São Paulo: Cogeae-PUC-SP, 2004.

SALAS, J. *Playback Theatre: uma nova forma de expressar ação e emoção*. São Paulo: Ágora, 2000.

SIEWERT, C. S. *Nossas histórias em cena: um encontro com o Teatro Playback*. 2009. Dissertação (Mestrado em Teatro) – Universidade do Estado de Santa Catarina, Florianópolis.

_____. *Nossas histórias em cena. Um encontro com o Teatro Playback*. Jundiaí: Paco Editorial, 2014.

VAU, C. A. *Teatro imediato e mediação teatral*. 2009. Dissertação (Mestrado em. Ciência da Comunicação e Artes) – Faculdade de Ciências Sociais e Humanas, Universidade Nova de Lisboa, Portugal.

WECHSLER, M. P. F. "Pesquisa e psicodrama". *Revista Brasileira de Psicodrama*. v. 15, n. 2, 2007 p. 71-78.

_____. "Psicodrama público: Por quê? Para quê?" *Revista Brasileira de Psicodrama*. v. 19, n. 2, 2011, p. 13-32.

WHITMONT, E. C. *Retorno da Deusa*. São Paulo: Summus, 1991.

WOLF, J. R. A. S. "Onirodrama e choque psicodramático". *Revista Febrap*. v. 1, maio 1978.

PAPERS

NEMENZ, R. "Grupo Improvise. Manda pra cá tudo, deixe teu ser mudo me fazer falar. O duplo e a sombrinha no Teatro de Reprise". In: XVIII Congresso Brasileiro de Psicodrama, Brasília, 2012. *Anais...*, 2012.

RODRIGUES, R. A. "A história de uma comunidade dramática. Um histórico dos psicossociodramas no Centro Cultural São Paulo". In: Congresso Iberoamericano de Psicodrama, La Coruña, 2007. *Anais...*, 2007.

WECHSLER, M. P. F. "Articulando pesquisa-ação e pesquisa socionômica e seus métodos". In: V Congresso Iberoamericano de Psicodrama, México, 2005. *Anais...*, 2005. Atividade: Conversando Com, 2005.

DOCUMENTO ELETRÔNICO

BRAGA, R. Texto de depoimento de Regina Braga sobre o programa *O Grupo* exibido pela TV Cultura. Disponível em: <http://aplauso.imprensaoficial.com.br/edicoes/12.0.813.516/12.0.813.516.txt>. Acesso em: 23 fev. 2016.

DOCUMENTO INFORMAL

GARCIA, C. Anotações das aulas do prof. dr. Clóvis Garcia dos anos 1985, 1986 e 1987, da disciplina "Técnicas Psicodramáticas Aplicadas ao Ensino", ministrada na Escola de Comunicações de Artes da Universidade de São Paulo, na pós-graduação.

Agradecimentos

AGRADEÇO A FLÁVIO DESGRANGES, por ter sido um grande orientador da tese que deu origem a este livro, e a António Gonzalez, em Lisboa, como coorientador estrangeiro, pela mediação com o instituto universitário. Agradeço também a Capes/MEC por propiciar enorme conhecimento por meio da bolsa de quatro meses em Portugal.

À querida Luzia Mara, que em Portugal foi mais que amiga, foi minha mentora/aprendiz. E aos meus orientadores extraoficiais: Laura Freitas, dando-me confiança; e Eduardo Coutinho, sempre pronto a debater ideias, corrigir meus textos e, principalmente, segurar toda a "barra".

Agradeço muito ao Grupo Improvise e também a todos os narradores que atravessaram nosso caminho e nos brindaram com suas cenas.

A Heloisa Fleury, pelas conversas sobre as primeiras ideias do estudo e por sua leitura, que me deu segurança de realizar uma boa pesquisa na área. Aos colegas do DPSedes, docentes como eu, que se prontificaram imediatamente com artigos, ideias e outras colaborações.

Também à equipe de sustentação dos sociopsicodramas públicos do Centro Cultural São Paulo. Ao grupo Eras Uma Vez, que me recebeu de braços, ouvidos e olhos abertos e me ajudou a refletir sobre o Teatro de Reprise. À leitura de produções escritas por talentosos brasileiros como Augusto Boal, Anna Maria Knobel, Heloisa Fleury, Moysés Aguiar, Alexandre Aguiar, Laura

Freitas, Luiz Contro, Terezinha Tomé, Cida Davoli, Márcia Iório, André Dedomenico, entre outros.

Agradeço aos meus ex-alunos de todos os tempos, que me ensinaram tanto sobre sociopsicodrama com suas inquietações e seu desejo de saber mais.

Aos autores Moreno, Fox e Salas, por pensarem e criarem o caminho que percorro com referência, entusiasmo e alegria. Ao Grupo Reprise, que, mesmo fora de minha vida, merece meu grande agradecimento por termos iniciado esse percurso juntos, desvelando os primeiros e fundamentais véus do Teatro de Reprise.

www.gruposummus.com.br

IMPRESSO NA
sumago gráfica editorial ltda
rua itauna, 789   vila maria
02111-031   são paulo   sp
tel e fax 11 **2955 5636**
sumago@sumago.com.br